BÉATRICE D'ESTE
ET SA COUR

CRISTOFORO ROMANO. — BÉATRICE D'ESTE.

(Musée du Louvre.)

BÉATRICE D'ESTE ET SA COUR

PAR

ROBERT DE LA·SIZERANNE

LIBRAIRIE HACHETTE

INTRODUCTION

Voici le second groupe de portraits célèbres de la Renaissance italienne, que j'ai tenté d'éclairer, en m'aidant des documents de l'époque et des vestiges des lieux où leurs modèles ont vécu. Pourquoi cette recherche et d'où procède ce choix, c'est ce qui a été dit, déjà, au premier volume de ces essais. Pas plus dans celui-ci que dans le précédent, les figures ainsi ramenées à la lumière n'ont été choisies pour l'intérêt de leurs aventures ou la qualité de leurs âmes. J'ignorais, quand j'ai commencé de les étudier, si elles avaient eu des aventures et, même, si elles avaient une âme discernable à travers le temps et propre à être analysée. Je ne connaissais d'elles que leurs masques. Mais ces masques ont été modelés ou peints par quelques-uns des plus pénétrants imagiers qui se soient appliqués à traduire une physionomie humaine, à ce moment précis du XVe siècle où l'œuvre d'art garde encore la saveur d'une découverte dans le domaine de la nature et n'est pas devenue quelque chose de tout à fait distinct d'un témoignage sur la vie. Ils sont ainsi plus riches en révélations physiologiques et plus chargés de mystère que maintes interprétations plus idéales ou plus personnelles du visage humain. De là, leur singulier pouvoir de hantise. Tout le monde connaît le buste de Béatrice d'Este, du Louvre et le profil présumé de Bianca Sforza, de l'Ambrosienne. Les visiteurs de ce dernier musée ont vu aussi le *portrait au crayon qu'on supposa longtemps être celui d'Isabelle d'Aragon, « la plus malheureuse des femmes ». Les habitués du Louvre connaissent, depuis quelques années, le portrait de Bianca Maria Sforza, femme de l'Empereur Maximilien. Et nul n'a passé indifférent devant elles. Mais la vie, la destinée, et l'étoffe morale de ces figures, connues de tout le monde, étaient pour la plupart d'entre nous des énigmes. Pour les résoudre, il ne suffisait pas d'interroger leurs indices physiologiques, si marqués fussent-ils. Il fallait encore les confronter avec l'histoire et surtout avec la chronique de leur temps, les lettres intimes, les images familières, les pierres. C'est ce que j'ai fait, pressé par la curiosité la plus naturelle, celle qui nous fait dire devant une apparition radieuse et nouvelle : « Qui est-ce ? » Or il s'est trouvé que, sous ces masques, il y avait des âmes dignes d'examen, révélées par des aventures dignes de mémoire. J'ai donc cru intéresser quelques personnes en les racontant. Ainsi, l'étude esthétique de beaux portraits aperçus dans les musées se prolongeait en une analyse physionomique des figures et finissait par devenir un chapitre d'histoire. Et l'histoire de cette époque offre bien par elle-même un réel intérêt, mais j'avoue que sans le témoignage de l'Art, je ne m'en serais guère soucié.*

C'est l'Art, en effet, qui nous ramène sans cesse aux gestes de l'Italie et plus précisément à ceux du XV^c et du XVI^c siècle. D'abord, parce que c'est lui qui nous rend familiers les acteurs. Nous connaissons les traits des Sforza, des Médicis, des d'Este, des Gonzague, des Montefeltro, des Aragon, des Malatesta, des della Rovere, de bien des Doges et au moins d'un des Borgia, comme si nous avions vécu avec eux. Ensuite, parce qu'il stylise leurs gestes, même les plus criminels, et magnifie leurs divertissements, même les plus enfantins. D'aussi grandes choses, ailleurs, nous paraîtraient incolores et fades parce qu'elles n'ont pas été reflétées dans les yeux, ni perpétuées par les mains des grands artistes. On trouverait aisément, dans les annales des Moscovites, des Bretons ou des Ottomans, à la même époque, des actes de cruauté ou de duplicité tout semblables ; ce qu'on n'y trouve pas, c'est cette recherche constante du Beau jusque dans les plus fugitives attitudes et ce soin de commémorer, par la splendeur des images, les plus discutables avatars. C'est même, là, quand on y songe, le trait différentiel le plus précis qui distingue les modèles de Pinturrichio ou de Léonard et nous les rend si étranges. Au fond et quoi que nous prétendions, nous croyons à l'identité du Vrai, du Beau et du Bien. De là, notre inquiétude très particulière en face des figures de la Renaissance. Que des gens qui ont porté si loin le souci de la beauté plastique et pittoresque, aient réalisé des prodiges de monstruosité ou de tératologie morale, c'est pour nous une surprise tellement douloureuse que nous refusons d'y croire ; nous voulons qu'on nous en fournisse des raisons : c'est comme un abus de confiance et un mystère qui surexcitent encore notre curiosité.

Qu'on ne s'attende pas, ici, à les voir éclaircir. Le présent recueil de portraits ne contient pas de thèses, à peine quelques hypothèses, presque uniquement des faits.

Il s'agit simplement, dans les pages qui vont suivre, de montrer ce que furent quatre femmes qui ont vécu ensemble, à la cour de Milan, aux dernières années du XVe siècle, c'est-à-dire aux plus beaux jours de Ludovic le More. Les images qui ont inspiré ces monographies n'ont pas des titres égaux à notre confiance. Deux d'entre elles, le buste de Béa-

trice d'Este et le portrait de Bianca Maria Sforza, du Louvre, représentent indiscutablement ces deux princesses et leur ressemblance est confirmée par nombre d'autres documents iconographiques. Un troisième portrait, celui de Bianca Sforza de San Severino, est plus contestable, quoique j'aie cru devoir lui conserver son attribution habituelle, pour des raisons qui seront exposées plus loin. Le quatrième enfin, celui d'Isabelle d'Aragon, duchesse de Milan, n'a d'autres titres à la rappeler que des raisons, ou plutôt des attirances, purement sentimentales. On a cru la voir dans cette admirable figure mystérieuse aux yeux baissés : sa médaille authentique n'aurait pas retenu devant elle, si longtemps, les rêveurs. Mais on ne saurait rien fonder sur les caractères de cette physionomie. Au reste, ce sont les deux premières images, celles d'une incontestable authenticité, qui font l'objet des deux plus longues études de ce volume.

Maintenant, comment sait-on l'histoire de ces femmes ? De la façon la plus sûre, ou, au moins, la plus proche de la certitude : par les documents qui se trouvent dans les archives d'Etat, spécialement de Milan, de Modène et de Mantoue. Ces documents sont surtout des lettres privées, lettres d'ambassadeurs à leurs Princes et de Princes entre eux. Elles existent encore, en original, calligraphiées de précieuse manière, comme si la main de Ludovic le More ou de la Belle Ferronnière venait de les déplier. D'autres sources d'information immédiate sont les diarii, que tenaient parfois les hommes d'Etat, parfois les simples particuliers, puis les lettres des particuliers entre eux, comme celles de Balthazar Castiglione, reproduites dès le XVIIIe siècle. Enfin, les esquisses dessinées, les plans, les modèles, les miniatures des nombreux manuscrits sforzesques, remplis

*d' « illustrations » de la vie courante, les fragments de cos-
tumes et de tissus, les objets domestiques conservés dans les
musées ou dans les collections particulières, nous permettent
de préciser le sens des textes, et d'identifier les réalités corres-
pondantes aux expressions employées, — sans quoi l'histoire
n'est que logomachie. A ces sources ont largement puisé les
érudits italiens, comme MM. Luzio et Rénier, Carlo Magenta, Calvi, Malaguzzi Valeri, dont les travaux sont
célèbres et une foule d'autres qui ont confié le résultat de
leurs recherches à des revues locales ou à des recueils spé-
ciaux. Moins sûrs sont les historiens, tels que Guichardin et
ses successeurs. D'ailleurs, comme ils rapportent rarement
un trait de caractère, encore moins un détail pittoresque, ils
n'ont point, pour éclairer une figure, la valeur des épisto-
liers. Seuls, Machiavel et Commynes abondent en traits
parlants, mais sont-ce des historiens ? Ce sont des témoins,
qui écrivaient leurs mémoires et des fouilleurs d'âmes, — des
portraitistes, en un mot. Les clartés qui nous aident aujour-
d'hui à comprendre ces quatre portraits de femmes sont donc
projetées par des contemporains. Quant à ces femmes elles-
mêmes, malgré leur antiquité, elles ont l'attrait tout neuf
d'une beauté qui fait son entrée dans le monde, puisqu'on
ne les a jamais regardées. Il a fallu quatre cents ans pour que
leur destinée perçât l'obscurité des légendes, l'amas des textes,
l'indifférence des hommes. Elles sont semblables à ces astres
lointains qui ont disparu depuis longtemps du point où nous
croyons les voir lorsque leur lumière tombe jusqu'à nous.*

Octobre 1920.

PREMIÈRE PARTIE

BÉATRICE D'ESTE

BÉATRICE D'ESTE

I^L y a, dans tous les muséums d'histoire naturelle, un coin consacré aux météorites. Ce n'est point le plus attirant, ni le plus divertissant pour l'œil : quelques pierres noires, ou grisâtres, informes, médiocres. Mais l'imagination y découvre des perspectives infinies. Ces pierres ont appartenu aux sphères que nous voyons briller, au-dessus de nos têtes, à des distances qui épouvantent la raison. Nous les touchons, nous les pesons, nous en faisons le tour et l'analyse. Ce sont des témoins d'un monde où nous n'irons jamais. Or, les savants y découvrent les éléments constitutifs de notre propre planète. Ces mondes lointains sont faits du même limon que le nôtre. Pourtant, la vie n'y est pas la même. Des conditions autres d'atmosphère, de chaleur, y produisent une autre flore, une autre faune, une autre humanité peut-être... mais lesquelles ? Jusqu'où nous ressemblent-ils ? Quel est le point où ils diffèrent ?

Chacun de nous s'est posé cette question. La science, jusqu'ici, n'y répond guère. Ses réponses sont hésitantes et nous déçoivent d'autant plus qu'il nous semble que la clef du problème soit là, sous notre main, et la solution si lointaine que nous n'y atteindrons jamais.

Ce n'est pas seulement au Muséum qu'on éprouve cette impression : c'est aussi, quelquefois, au Musée.

Il y a, au Louvre, une salle remplie de pierres qu'on pourrait appeler « la salle des Météorites ». C'est, au rez-de-chaussée, au bord de l'eau, la salle dite « de Michel-Ange », reconnaissable à ce qu'elle communique avec la suivante par la gigantesque porte de Cristoforo Romano, prise à Crémone au palais de Marchesino Stanga. Elle est remplie de bustes italiens du XVe et du commencement du XVIe siècle : vieillards rusés et ridés, femmes futées et ambiguës, guerriers insolents, génies douloureux et pensifs, — chefs-d'œuvre de Benedetto da Majano, de Cristoforo Romano, de Laurana. Or, ces masques, vieux de quatre cents ans, sont animés d'expressions toutes modernes, comme si leurs modèles vivaient parmi nous. Il n'y a pas, là, de types impersonnels, comme au musée des Antiques : chaque trait souligne une passion, ou un penchant, ou une énergie, ou une inquiétude que nous avons vus soulignés ainsi chez des contemporains.

Ces âmes étaient donc vraisemblablement faites comme nos âmes... Pourtant, leurs actions furent autres. Qui, de nos jours, a l'insolence de se bâtir un palais comme celui de ce vieux Strozzi ? De trahir et de massacrer comme ce Roberto Malatesta, et, mieux encore, comme son père Sigismondo ? Qui se meut, dans l'art et dans la guerre, dans la passion et dans la poésie, comme ce Michel-Ange ? Qui fait tenir toute une vie de luxe, de fêtes, de voyages, de diplomatie, entre la quinzième et la vingtième année, comme cette Béatrice d'Este ? Ce sont, là, des témoins d'un monde si parfaitement disparu, si loin de nous, qu'on doute qu'il ait réellement existé. Il semble qu'ils respiraient une autre atmosphère, qu'ils croissaient plus vite, qu'ils se manifestaient plus loin, qu'ils visaient plus haut, qu'ils tombaient plus bas. Leur indice physiologique nous trompe-t-il ? Et devons-nous croire qu'ils étaient constitués autrement que nous, avec d'autres ambitions et d'autres rêves ? Ou bien, l'étaient-ils de même, désiraient-ils les mêmes choses, seulement aux prises avec d'autres conditions de vie ? Où s'arrêtent les analogies ? Où les dissemblances commencent-elles ? Interrogeons un de ces bustes : peut-être il nous le dira.

CHAPITRE PREMIER

UN BUSTE [1]

C'EST la tête d'une toute jeune fille, presque une gamine, de quatorze à quinze ans, joufflue et délurée, le front droit et étroit, le nez bref et en l'air, l'œil haut,

1. Portraits de Béatrice d'Este, épouse de Ludovic le More, duchesse de Bari, puis duchesse de Milan :

Authentiques : 1° le buste de marbre de la fin du xv° siècle, de Cristoforo Romano, portant cette inscription : *Divæ Beatrici d'Herc. F.* Salle de Michel-Ange, au Louvre.

2° La statue tombale, placée à côté de celle de Ludovic le More, marbre, toutes deux de Cristoforo Solari, dit le Gobbo, à la Chartreuse de Pavie, dans le transept gauche de l'église.

3° La figure de femme, en buste de profil gauche, peinture attribuée à Lorenzo Costa et à Ambrogio de Predis, h. 0.45 — l. 0.35. Au Palais Pitti. Salle d'Ulysse, n° 371.

4° La même figure, avec quelques légères variantes. (Collection Schickler.)

5° La figure de donatrice, à genoux, dans le tableau intitulé *La pala Sforzesca*, représentant la Madone et divers saints, attribué parfois à Zénale, parfois à Bernardino dei Conti, à Milan, au musée Brera, salle XVII.

6° Le médaillon peint à fresque par Luini, de profil gauche portant les lettres : *BEATR.* Au Castello Sforzesco, à Milan.

7° Le médaillon sculpté de profil gauche, au-dessus du centre du plein cintre de la porte *della stanza del Lavabo.* A la Chartreuse de Pavie.

8° Un des médaillons d'une miniature du *M. S. Sforza* de 1496, en tête de l'acte de donation de Cussago. Au British Museum.

9° La médaille (monnaie d'argent) par Caradosso, revers d'une médaille de Ludovic le More. Buste de profil gauche de Béatrice d'Este, tête nue, cheveux retombant et réunis en queue.

10° La figure de femme à genoux (aujourd'hui presque effacée) peinte par Léonard de Vinci au côté droit de la *Crucifixion* de Montorfano, au réfectoire de Sainte-Marie-des-Grâces.

11° La tête de femme et buste de trois quarts, dessin attribué à Léonard de Vinci, avec l'inscription *Beatrice Estense*, aux *Uffizi*.

grand ouvert, la bouche sensuelle, aux coins enfoncés dans les joues surabondantes, la poitrine étroite, les os du cou affleurant à la peau, toute la tête encapuchonnée dans une chevelure aplatie, en ondes régulières qui masquent les tempes, descendent en bandeaux jusqu'au-dessous des oreilles, puis, par une courbe rapide, se relèvent sur la nuque de façon à laisser toute nue la tige du cou et finissent par retomber boudinées en une longue queue cylindrique derrière le dos, le *cuazzone* des Milanaises, tandis que deux boucles détachées coulent le long des joues en manière de tire-bouchons. Pas de bijoux : seulement un fil circulaire, la *lenza*, serre le haut de la tête, comme pour empêcher le front de se séparer de l'occiput et une résille brodée clôt, derrière le crâne, l'édifice des cheveux. Sur l'épaule gauche, une écharpe brodée de dessins réguliers et minutieux et, sur le corsage, d'autres broderies plus pittoresques : une large bague où s'enroulent des liserons en des volutes calligraphiques et où deux mains coupées secouent un linge plein d'une mystérieuse poussière sur le calice grand ouvert d'une fleur. Enfin, sur le socle, ces mots :

DIVAE

BEATRICE

D'HERC. F.

qui désignent, le plus clairement possible, Béatrice d'Este, seconde fille d'Ercole d'Este, duc de Ferrare, représentée avant son mariage, c'est-à-dire avant qu'elle eût quinze ans et demi, entre 1489 et 1490.

Telle est une des pierres les plus suggestives qui, traversant les siècles, soient venues jusqu'à nous.

C'est un fort délicat morceau de sculpture, qu'il faut voir de préférence au milieu de l'après-midi, quand le

relief de l'écharpe se borde d'un trait noir et quand le **creux** de la gorge se remplit d'ombre. Elle est d'une facture un peu mièvre, comme ciselée : c'est un travail d'orfèvre. Les bords des lèvres découpés finement, les sourcils réduits à une arête de marbre, les yeux stylisés, les commissures des lèvres creusées précieusement. Mais c'est plein de vie. Il n'y a là qu'un buste et nous voyons cependant comment tout le corps est posé. Hanché à droite, fortement, il baisse l'épaule droite, soulève la gauche qui est drapée, et tourne très légèrement la tête de droite à gauche, ce qui est indiqué par la saillie plus forte du sterno-mastoïdien droit et de la clavicule droite. La dissymétrie est arrêtée juste au point où elle deviendrait du mouvement.

La vie s'exprime, en effet, par une variation, d'abord insensible, de la forme qu'aurait un corps dans le repos parfait ou qu'il pourrait garder, mort. Un muscle travaille plus que l'autre, — et cela suffit. Dès que la statue se met à lever le bras, à se tenir sur une seule jambe, à ployer les reins, à prendre, en un mot, une posture qu'elle ne peut garder longtemps, ce n'est plus la vie : c'est le mouvement.

Ainsi, une œuvre plastique peut présenter trois degrés de ressemblance avec le modèle humain : la forme, la vie, le mouvement. Pour révéler une individualité, la forme n'est pas assez, le mouvement est trop : ce qui convient à un portrait, c'est la vie. Ce marbre en est plein. Nous ne savons rien de cette gamine, et nous la devinons, déjà, *lieta di natura e piacevolina*, comme la jugera son mari, vive, impétueuse, pas bête, mais point transcendante, plutôt garçon que fille, avec l'air de se tenir à quatre pour ne pas donner sa démission de statue et s'en aller danser la pavane ou la *mazzarocca*.

Il n'y a pas seulement, ici, de la vie : il y a du mystère.

Que veut dire cet anneau avec son chaton de diamant taillé en pointe, prisonnier des fibres d'un volubilis stylisé, et que font, à l'intérieur du cercle nuptial, ces deux mains coupées à la manière des mains qu'évoquent les médiums ? Pourquoi tiennent-elles un linge, et qu'est-ce que cette poussière qui tombe de ce linge dans le calice grand ouvert d'une fleur dressée pour la recevoir ?

Ce que nous savons, c'est que le diamant taillé en pointe désignait les d'Este : leur cri de guerre était *Diamante !* Nous savons aussi qu'un linge tenu par deux mains et représentant un bluteau désignait le fiancé de Béatrice d'Este, Ludovic le More. Il portait, cinq ans avant ce buste, une toque ornée d'un *buratto*. Nous savons enfin que, à cette époque, on soupçonnait déjà le mystère de la fécondation des fleurs. Nous n'en savons pas davantage, sinon que les artistes aiment à broder le tissu du réel avec du rêve et que ce sont de grands fantaisistes. C'est ce que les savants ignorent ou ce qu'ils oublient. Ils veulent qu'un motif décoratif signifie toujours quelque chose et ils veulent qu'il signifie toujours la même chose, — deux postulats fort arbitraires. Entre les mains des artistes, les symboles sont comme une belle amphore que se lèguent les générations et où chacun met sa liqueur préférée. Parfois même il n'y met rien du tout et ne la conserve que pour la beauté extérieure de la forme. Avec le temps, on oublie ce qu'elle a contenu. Pourtant, un parfum lui reste, irritant et subtil, par où notre curiosité soupçonne, sans le voir de façon précise, de quoi nos pères se sont abreuvés. Ainsi, devant l'anneau de Béatrice d'Este, imaginez ce que vous voudrez. La pensée de la Renaissance est assez vaste pour contenir toutes nos hypothèses : ce sera notre seule chance de nous rencontrer avec l'artiste qui, d'un ciseau subtil, en a creusé, il y a quatre cent trente ans, le souple contour.

Mais, au fait, qui est cet artiste ? Là, aussi, on a discuté. Le buste étant admirable, de facture fort particulière et sans attribution précise, Courajod voulait le restituer à Léonard de Vinci comme au Dieu, à qui l'on doit tout rapporter de ce qu'on trouve de beau en ce monde. Les raisons qu'il en donnait étaient faibles et l'Histoire ne les a pas retenues. Le buste est d'un artiste, Pisan de naissance, Romain d'éducation, joueur de luth, chanteur et décorateur, homme de cour et de lettres, mort jeune, qu'on eût stigmatisé de nos jours du titre d' « amateur » ou d' « homme du monde », et qui figure dans les dialogues du *Cortegiano*. « Cet excellent maître, Johan Cristoforo, qui a sculpté le portrait de Votre Seigneurie en marbre, » écrit Isabelle d'Este à sa sœur Béatrice, en 1491, c'est-à-dire un ou deux ans après que ce buste a été exécuté. Il n'y a guère de doute que l'ouvrage désigné par la grande marquise soit, là, sous nos yeux.

Il porte la marque d'un esprit pénétrant, d'une main délicate et incisive. Il en porte encore une autre, qui n'est point d'un goût parfaitement pur. Prenez garde à ce que vous voyez sur le côté droit du corsage : il y a là une épingle de marbre si bien imitée, qu'on croit qu'on va pouvoir l'ôter, et, sur l'écharpe, il y a des soutaches à rendre jalouse une brodeuse. C'est une légère semence de mauvais goût, déjà déposée là, dès le XVe siècle, dans le terreau à chefs-d'œuvre, et qui germera, hélas ! Ce goût du trompe-l'œil, cette manie de la surcharge ornementale, est un goût bien italien. Aux grandes époques de l'art, il est maté par le génie, mais il existe, déjà, à l'état « larvé », si l'on peut dire. Comme c'est un trait de race, il demeurera quand le génie aura passé, et alors il primera tout. Quand vous visitez le Campo Santo de Gênes et voyez le marbre découpé en broderies, divisé en franges, effiloché en dentelles, feuilleté en volants, ou quand, sur les places publiques d'Italie, vous apercevez les héros du *Risorgimento* brandissant des revolvers, des baïonnettes ou d'autres mécaniques laborieusement découpées dans le carrare, rappelez-vous l'épingle de Béatrice d'Este...

A la vérité, c'est elle peut-être qui a mis, là, cette épingle, comme cette écharpe, et qui a voulu que l'artiste fît leur portrait pour la postérité. Tout est possible quand il s'agit d'exigences féminines, et le critique ne saurait s'avancer trop prudemment. Qui peut dire ce qui se passait dans cette petite tête, tandis que le joueur de luth s'appliquait à reproduire ses traits enfantins ? Nous avons déchiffré les symboles de son corsage, mais il y a quelque chose de plus profond que ces symboles et de plus caché, ce que nous révélerait, si nous étions mieux instruits, la physiologie de ce visage. Laissons les mains coupées verser une poussière mystérieuse dans le calice d'une fleur inconnue, et tâchons de deviner ce qu'il y a dans cette tête, c'est-à-dire ce petit récipient à idées : quels espoirs, quelles craintes, quelles chimères, quelles volontés ?

Nous ne sommes pas les premiers qui nous posions cette question. Un homme se la posait dans les derniers jours de l'année 1490 : c'était Ludovic Sforza, dit « le More, » duc de Bari et régent des Etats de son neveu, le duc de Milan. Il allait épouser cette petite personne et, bien qu'à cette époque une princesse dût suivre aveuglément la raison d'Etat, — et de son mari, — le « More » était beaucoup trop circonspect pour ne pas se demander ce qu'elle serait, une fois mariée. Il avait quarante ans ; elle en avait quinze et demi, ce n'était qu'une enfant : la femme pourrait lui ménager des surprises. Il ne savait guère d'elle que ceci, la seule chose

pour laquelle il l'épousât : qu'elle était la fille du duc de
Ferrare. Il ne l'avait pas recherchée par amour : il ne
l'avait pas recherchée du tout. Il avait demandé sa sœur
Isabelle d'Este, d'un an plus âgée qu'elle. Malheureusement, la main d'Isabelle d'Este était promise, depuis
peu, à l'homme le plus laid de l'Italie et le plus brave :
le marquis Gonzague. Il s'était donc contenté de la
cadette qui avait alors cinq ans, et en avait attendu dix.
Telles étaient souvent les fiançailles des princesses de
ce temps. Il pouvait arriver que, dès le berceau, leur
nourrice leur désignât leur mari, en même temps que
leurs père et mère, sous les espèces d'un personnage
âgé, grave et grondeur. Elles grandissaient dans cette
foi qu'il n'y en avait pas un autre possible au monde,
et se mariaient sans risquer jamais de confusion entre
l'amour et le mariage.

« Trois choses sont difficiles, avait coutume de dire le
père de Ludovic le More, le grand Francesco Sforza :
acheter un bon melon, choisir un bon cheval, prendre
une bonne épouse. Quand l'homme veut faire une de
ces trois choses, il doit se recommander à Dieu, tirer sa
barrette sur ses yeux et se jeter tête première dans
l'aventure. » Mais Ludovic le More n'était pas homme
à tirer sa barrette sur ses yeux, quoi qu'il fît : il raison-
nait fort ses moindres gestes, et ce petit buste lui paraissait peut-être une inquiétante énigme.

De son côté à elle, quelle perspective ! Elle allait
régner de fait, sinon en titre, sur le plus bel État d'Italie,
sur un des plus riches du monde ! L'État de Milan pro-
duisait un revenu de trente millions, dix fois celui de
Mantoue, somme énorme pour l'époque, et ses revenus
personnels allaient s'élever à près de 114.000 francs, —
ce qui représentait une fortune royale, si l'on tient
compte de la puissance d'acquisition que l'argent avait

alors. Elle n'allait pas régner en titre, parce que, son mari n'étant que régent, c'était sa cousine Isabelle d'Aragon, mariée depuis peu à Gian Galeazzo Sforza, qui, seule, pouvait être qualifiée duchesse de Milan. Mais le jeune duc, tout à ses plaisirs, laissait très volontiers la première place à son oncle Ludovic le More.

C'était donc une autre cour souveraine, et peut-être la plus brillante des deux, que Béatrice devrait présider à côté de sa cousine devenue sa nièce, dans le même *Castello*, élégant et formidable échiquier de palais et de cortiles, défendu par tout un réseau de fossés, avec 62 ponts-levis, par 500 gardes et 1.800 machines de guerre, embelli par les artistes et les artisans du monde entier, rempli de trésors, animé par le va-et-vient d'une population de 800 courtisans et gens de service, depuis les secrétaires d'État, les coadjuteurs, les trésoriers, les chapelains, les *registratori*, les gardiens des archives, jusqu'aux portiers ou huissiers, les nombreux camériers du service d'honneur, 40 camériers attachés à la personne du Duc, 10 camériers adjoints, 10 sous-camériers, 2 médecins, un apothicaire, des officiers des écuries, lesquelles contenaient 500 chevaux ou mules pour le service privé du Duc, des écuyers tranchants, des buffetiers, des économes, des apprêteurs de la table ou officiers de bouche, 33 chanteurs étrangers, « ultramontains », enfin le personnel inférieur : guichetiers, cuisiniers, mitrons, barbiers, tailleurs, cordonniers, 12 palefreniers, des *stambecchini* ou chasseurs, les fauconniers, les oiseleurs, les employés aux sauvagines, les trompettes, les porteurs de chaises ou de litières, les officiers « de l'assiette » et une nuée d'autres titulaires d'emplois dont nous n'avons plus le moindre soupçon aujourd'hui, jusqu'à des astrologues et des mamelouks, sans parler des dames d'honneur et des pages spécialement attachés au service de la duchesse. Il faut lire, dans le savant et magnifique ouvrage que M. Francesco Malaguzzi Valeri a consacré à la cour de Ludovic le More, le détail de cette figuration très compliquée et savamment hiérarchisée, retracée d'après les documents des archives d'État, surtout de Milan et de Modène. Aujourd'hui encore, quand on visite ces palais détruits, mais restitués dans leurs dimensions et leur décoration d'alors, tout battant neuf, comme ils l'étaient précisément quand Béatrice y entra, on éprouve le prestige dont devait jouir, auprès de tous les princes de l'Europe, la cour des Sforza,

Le palais que la nouvelle mariée allait habiter n'était pas la *Corte ducale*, occupée par le duc et la duchesse de Milan, mais la *Rocchetta*, c'est-à-dire un carré à portiques aux fines colonnes, contenu dans le rectangle des palais ducaux, contenu lui-même dans le grand carré de la forteresse dite le *Castello*. C'était le moins grand des deux, mais le plus confortable, surtout l'hiver, le mieux défendu, le « réduit », et celui qui contenait les choses les plus précieuses : les Archives et le Trésor. Les appartements réservés à la jeune femme étaient ceux du rez-de-chaussée, à gauche en venant de la place d'Armes, c'est-à-dire de la ville, terminés par la célèbre Tour du Trésor. On voit, en les parcourant, qu'il y avait là de quoi déployer le faste et l'étiquette d'une cour vraiment royale.

L'homme qu'elle allait épouser s'appelait « le More ». Avec le goût pour la mystification qui régnait alors dans les cours de la Péninsule, on peut se figurer les petites compagnes de Béatrice, jalouses de son élévation subite, s'amusant à lui persuader qu'elle allait épouser un nègre, — d'autant qu'il était quelquefois représenté ainsi sur les images... Mais l'homme était trop connu pour qu'elle

Cl. Anderson.   Pl. 2, p. 15.

BOLTRAFFIO. LUDOVIC SFORZA DIT LE MORE.

(Milan, Collection Trivulzio.)

le crût longtemps. Il n'avait rien de nègre, ni de turc, ni de more : tout au plus était-il très brun de cheveux avec un teint olivâtre. Il était même fort beau. Son nom officiel était Lodovico Maria Sforza, duc de Bari. Quant à son caractère et à son rôle, c'était alors une énigme, et nous, qui avons quatre cents ans de plus pour la résoudre, nous ne l'avons pas encore résolue. Il entre dans l'Histoire par une porte dérobée ; il en sort sous un déguisement, toujours longeant les obstacles, cherchant une fente, une fissure, un joint où passer son museau pointu, filant vers son but à pas de velours, patient, silencieux, subtil. Il flaire le danger de bien loin comme un renard et ne se risque guère que lorsqu'il n'y en a point. Comme le renard aussi, il ne tue pas autour de son terrier : il y a beaucoup de sang versé dans sa famille, mais il n'est jamais là quand on le verse, et l'Histoire peut toujours plaider pour lui l'absence, l'ignorance, le hasard.

Il n'est point du tout destiné à régner. Entre le trône et lui il y a je ne sais combien de poitrines humaines : il y a son frère, le duc Galeazzo Maria Sforza, qui règne et se porte fort bien ; il y a le fils de son frère ; il y aura le fils du fils de son frère. En plus de ces héritiers directs du trône de Milan, il possède quatre autres frères, dont deux sont plus âgés que lui, plus près, par conséquent, du pouvoir, si le pouvoir vient à vaquer. Quoique prince, il ne règne sur rien et n'a aucune chance de régner : il est tout au plus en « odeur de principauté ». Or, voici que le lendemain du jour de Noël 1476, un matin de neige, son frère Galeazzo Maria Sforza va entendre la messe à San Stefano, ayant laissé sa cotte de mailles de sûreté « pour ne pas paraître trop gros ». Sur le seuil de l'église, il est tué à coups de dague par des illuminés ou des ambitieux, qui croient ainsi abattre la tyrannie et renouveler les fastes de la république romaine. C'est donc le neveu du More, Gian Galeazzo, qui devient duc de Milan.

Trois ans après, en 1479, son autre frère, le duc de Bari, vient à mourir et il hérite de lui son duché. Trois ans encore plus tard, en 1482, on apprend la mort de son autre frère, Filippo. Son autre frère, Ottaviano, se noie dans l'Adda. Son quatrième frère, Ascanio, heureusement pour lui, est entré dans les ordres et, n'étant pas dangereux, ne court pas de dangers. Enfin, en 1494, son neveu, le nouveau duc de Milan, Gian Galeazzo, meurt à l'âge de vingt-cinq ans, au moment où, Charles VIII étant entré en Italie, une main ferme, une main d'homme, est requise pour tenir le pouvoir. L'enfant que laisse son neveu n'en est pas capable, ni sa nièce, veuve du duc défunt, la malheureuse Isabelle d'Aragon. Le trône étant donc comme vacant, il s'y glisse et s'y assoit sans bruit, en faisant des révérences à tout le monde...

En son privé, c'est un homme de haute mine, affable, magnifique, aumônier. C'est un charmeur, et quoique pas brave du tout, il donne l'illusion d'une entière maîtrise de soi et des autres. Bayard, lui-même, s'y laissera prendre, aussi téméraire peut-être en psychologie qu'en armes : « Un homme, dit-il, qui, pour peu de chose, n'est pas aisé à étonner. »

Tel est le prince que cette enfant de quinze ans allait épouser. Pourquoi, avec cela, l'appelait-on le « More » ? Pourquoi la foule criait-elle : *Moro ! Moro !* sur son passage et le symbolisait-on tantôt par une tête d'Africain, tantôt par un mûrier, *moro* en italien ? C'est, là, un de ces petits problèmes qui enfantent de gros volumes, lesquels gros volumes ne produisent qu'un infime intérêt. La chose une fois éclaircie, on s'aperçoit qu'elle ne valait pas la peine de l'être. Notre homme était le quatrième fils de Francesco Sforza, le grand condottière. A sa naissance, on lui donna, entre autres prénoms et en raison de son teint brun, le surnom de *Mauro*. Ce prénom étant moins commun que les autres, on prit l'habitude, dans la famille, d'appeler *Il Moro* le petit garçon. Officiellement, ce prénom changea. Après une grave maladie qu'il fit à l'âge de cinq ans, on le voua solennellement à la Vierge et on l'appela *Maria*, ce qui fit qu'il signa toujours plus tard, *Lodovico Maria Sforza*. C'est le nom qu'on trouve dans les actes publics. Mais le *Mauro* ou *Moro* subsistait dans l'intimité et le goût du petit prince pour ce qui était original le lui fit conserver en marge de son état civil véritable. Peut-être, aussi, ne lui déplaisait-il pas qu'un surnom évoquât le luxe et les sciences de l'Orient, doué alors pour l'Occident de tant de prestige. Les familiers s'y prêtèrent de bonne grâce. Ce fut toujours un régal, chez ceux qui approchent les grands, que de les appeler par leur petit nom, comme un mot de passe qui les glisse à leur niveau et dans leur familiarité. En tout cas, ce prénom, qui était un surnom, tomba dans la foule, s'y répandit, devint le nom, le seul, devant l'Europe et la postérité.

Il prêtait à toutes sortes de jeux de mots, d'applications et de symboles, et l'on ne s'en fit pas faute. Il devint le « More » d'outre-mer, représenté par une tête de nègre. Il devint le « mûrier », l'arbre prudent qui ne risque ses feuilles qu'après tous les autres, et quand la saison est sûre. Il devint même une couleur : le violet particulier de la mûre. Si le temps ne nous avait conservé qu'une seule de ces synonymies, elle serait tenue pour exclusive des autres, et les savants prononceraient avec l'assurance qu'ils ont toutes les fois qu'ils ne possèdent qu'un seul document. Malheureusement pour eux, et

par bonheur pour l'artiste, le symbole de Ludovic le
More est un Protée décoratif.

De même, ses armoiries, emblèmes ou devises. Il en
avait pour toutes les circonstances, les plus contradictoires, de sa vie. La plupart lui venaient de ses ancêtres
les Sforza, ou bien des Visconti, et lorsqu'un événement
de sa propre histoire s'ajustait à quelqu'un d'eux, il
donnait à celui-ci la préférence. Quand on lève les yeux
vers les voûtes du *Castello* de Milan (rebâties, mais scru-
puleusement décorées de motifs sforzesques) ou quand
on les abaisse sur les missels de la collection Trivulce,
on aperçoit, à profusion, ces symboles : des colombes
volant dans des rosaces de flamme ; des vipères repliées
en « serpents de paroisse, » qui engloutissent un petit
enfant ; des aigles impériales aux ailes écartelées et
aplaties ; un lion aveuglé par un casque et un cimier ;
des tisons enflammés d'où pendent des seaux ; une
balayette ou *scopetta* étalée comme un éventail renversé ;
un caducée ; un bras qui se lève armé d'une hache pour
frapper quelque tronc d'arbre ; un chien attaché à un
pin ; un nœud formé d'un linge aux bouts retombants ;
enfin des *ondes*... Que de présages ! Que de significations
diverses ! Que de problèmes à creuser et à résoudre !
Si la petite Béatrice s'était avisée d'aller chercher, dans
ces emblèmes, les secrètes pensées de son futur mari,
nul doute qu'elle se fût perdue, comme nous nous per-
dons, dans ce labyrinthe ornemental. Mais elle ne s'en
souciait guère. Ce sont les érudits qui ont de ces curiosités. Il semble bien que son seul souci, le jour de son
mariage, fut que sa robe de brocart blanc allât bien et
de ne pas se geler le bout du nez.

Car le mariage eut lieu pendant le terrible hiver
1490-1491. Le Pô était gelé ; on le remontait en traîneau.
Le cortège glissa, parmi les plaines de la Lombardie,

comme une noce de Hollande. La bénédiction fut donnée
à Pavie, l'ancienne capitale des rois Lombards, le 17 janvier, « jour de Mars très propre à provoquer la naissance
d'un fils », selon les meilleurs astrologues du temps.
Toute la campagne endormie sous la neige, les fontaines
et les rivières sous la glace, un grand voile blanc étendu
sur la terre et les eaux et les toits même de la « ville aux
cent tours » : — telle fut la bienvenue que notre petit
masque trouva en entrant dans les États de son seigneur
et maître et dans sa nouvelle ville.

Quelle figure allait-elle y faire paraître ? Quel rôle
jouer ?... Voilà, sans doute, ce que se demandait Ludovic
le More, il y a quatre cent trente ans, devant ce buste,
comme nous nous le demandons aujourd'hui.

CHAPITRE II

UNE FEMME[1]

ⅠL ne tarda pas à être fixé. C'est une femme et non
une enfant qui est entrée à la Rocchetta, une tête folle,
peut-être, mais point indifférente. Des yeux peut-être
éblouis par le luxe des Sforza, mais qui savent fort bien
voir ce qu'on ne leur montre pas, dans les profondeurs
de la Corte Ducale : — et tout d'abord qu'il y a, là, une
femme belle et savante, qui règne sur le cœur du duc,
la fameuse Cecilia Gallerani, celle dont Léonard de
Vinci a fait le portrait, et ensuite que cette femme va
donner un enfant à Ludovic le More. Bien que ce fût
assez conforme aux usages, Béatrice se révolte ; elle
refuse le partage ; elle refuse une robe de brocart d'or

1. Sur Béatrice d'Este, Cf. Carlo Magenta : *I Visconti e gli Sforza nel
Castello di Pavia.* — A. Luzio e R. Renier : *Delle Relazioni d'Isabella d'Este
Gonzaga con Lodovico e Beatrice Sforza.* — A. Luzio : *Isabella d'Este e la
Corte Sforzesca.* — G. Uzielli : *Leonardo da Vinci e tre gentildonne Mila-
nesi.* — G. d'Adda : *Lodovico Maria Sforza.* — L. Beltrami : *Il Castello di
Milano sotto il dominio degli Sforza.* — Rosmini : *Storia di Milano.* —
Pelissier : *Louis XII et Ludovic Sforza* et *Les amies de Ludovic Sforza.* —
B. Corio : *Historia di Milano.* — Julia Cartwright (Mʳˢ Ady) : *Beatrice
d'Este, duchess of Milan.* — Francesco Malaguzzi Valeri : *La Corte di Lodovico il Moro.* I. *La vita privata.* II. *Bramante e Leonardo da Vinci.* III. *Gli
artisti Lombardi.* — Delaborde : *L'expédition de Charles VIII en Italie.* —
Pasolini : *Caterina Sforza.* — Jean d'Auton : *Chronique de Louis XII.* —
Philippe de Commynes : *Mémoires.* — Malipiero : *Annali Veneti.* — Mura-
tori : *Antichita Estensi.* I. — Octavien de Saint-Gelais : *Le Vergier d'honneur.* — Bernardino Corio : *Historie milanese. Archivio storico Italiano. Cro-
nache milanesi. Archivio storico lombardo.*

que son mari lui offre, si la Gallerani paraît en public avec une semblable. Elle saisit du différend l'ambassadeur de son père. Elle exige le renvoi de la favorite installée depuis dix ans dans une royauté inexpugnable ; en un mot, elle veut faire régner la morale : c'est donc un démon que le More a introduit à son foyer ! Mais ce démon a l'attrait du joujou tout neuf. Il faut bien lui céder quelque chose.

Le More céda. Il avisa la cour de Ferrare qu'il allait se séparer de la Gallerani pour toujours, et pour que ce « toujours » eût l'air de durer quelque temps, il voulut que la séparation reçût la consécration de l'Eglise et l'éclat d'un mariage. D'ailleurs, la Gallerani venait de lui donner un fils ; les convenances voulaient qu'il lui donnât un mari. Il choisit, pour cet office, un des plus nobles gentilshommes de sa cour, le comte Lodovico Bergamini, de Crémone, qu'il combla de faveurs et qu'il installa, avec la belle comtesse, au palais Carmagnola ou *dal Verme*, alors le plus beau de Milan, décoré à neuf par les meilleurs artistes du temps, — digne cadre à la beauté chassée de la Rocchetta. Elle y vécut et y survécut, heureuse, à tous ceux qui la chassaient. La foule, qui passe aujourd'hui via Rovello, devant le palais de l'Administration des Finances, ancien palais Carmagnola, ne pense guère à la déesse païenne dont ce fut le temple et n'y trouverait guère trace des splendeurs d'antan. Mais notre petit masque dut le regarder plus d'une fois avec complaisance, comme le monument de sa première victoire remportée sur son mari.

Ce n'est pas la seule. Le bonhomme va de surprise en surprise. Il découvre, d'abord, en elle, une écuyère accomplie. Son éducation, à Ferrare, avait été surtout sportive. L'équitation était en grand honneur à la cour d'Este, les courses continuelles. Le maître des écuries allait, jusqu'en Angleterre, chercher des sujets choisis pour améliorer la race. L'émulation était entretenue par la concurrence des fameux haras de Mantoue. Béatrice est mise de fort bonne heure sur un cheval ; après son mariage, elle continue de monter presque tous les jours. Et ce n'est point, là, parade au carrousel. Dans une chasse au loup, elle fait trente milles sans s'arrêter, semés de mille obstacles, toujours franchis aisément. Le 16 mai 1491, le More écrit à Isabelle d'Este qu'il regrette qu'elle ne soit pas avec lui à courre le loup et montrer ses talents. « Bien que tel soit le courage de l'illustre duchesse, ma femme et votre sœur, que je ne sais comment vous ferez pour la surpasser... » Ces chasses sont semées de dangers : peu lui chaut. Une fois, un cerf poursuivi et effrayé s'est rué sur son cheval, mais elle n'est pas tombée : son mari et les autres accourant, morts de peur, la trouvèrent qui riait aux éclats, bien que le cerf l'eût frappée à l'épaule. Une autre fois, un sanglier découd des lévriers : elle pousse droit au monstre et le frappe comme un vieux chasseur. Elle s'exerce même à l'oisellerie et y réussit : *La mia consorte ucella tanto bene ch'ella me avanza,* s'écrie Ludovic le More. Il rayonne de ses succès. Il commence à en devenir amoureux. « Elle m'est plus chère que la lumière du soleil », écrit-il à la cour de Ferrare. L'entrain endiablé de cette gamine réchauffe le sévère et docte diplomate ; il lui passe toutes ses folies. Le voici qui écrit à Isabelle d'Este, de Milan, le 12 avril 1491 :

Je ne pourrais vous expliquer la millième partie des choses que font et des divertissements auxquels se livrent la duchesse de Milan et ma femme : faire galoper leurs chevaux à bride abattue, et courir après leurs dames et les faire tomber de cheval. Et maintenant qu'elles sont à Milan, elles ont imaginé, hier qu'il pleuvait, d'aller toutes deux, avec quatre ou six de leurs dames, par la ville, à pied, avec des linges sur la tête en guise de coiffure, pour acheter des provisions. Et comme ce n'est pas l'habitude, ici, de s'en aller avec des linges sur la tête, il paraît que quelques commères firent des remarques désobligeantes ; sur quoi ma femme prit feu et commença à riposter du même ton, si bien qu'elles crurent en venir aux mains. Puis elles sont revenues à la maison toutes crottés et éreintées, ce qu'il faisait beau voir ! Je crois que quand Votre Excellence sera ici, elles iront avec encore plus de courage, car elles vous auront auprès d'elles, vous qui êtes brave, et si quelqu'une se hasarde à leur dire des vilenies, Votre Excellence les défendra toutes et leur donnera une leçon. Votre frère affectionné. — LODOVICO.

Auprès de sa jeune femme, le grand homme prenait, lui aussi, le goût des récréations burlesques. Ceux qui se l'imaginent sans cesse courbé sur des devis avec Léonard ou, dans les conseils, gourmandant les ambassadeurs français sur leur trop de bavardise, se font de Ludovic le More une image très incomplète. Ces gens de la Renaissance nous sont connus surtout par les traits qui les distinguent de leurs devanciers, par leur apport nouveau à la civilisation ; — et l'on a raison de les montrer ainsi, car ce qu'il y a de plus pressant à noter, dans un temps ou dans un homme, c'est ce en quoi il diffère des autres. Mais il s'en faut que ces traits soient les seuls. D'autres y persistaient, des époques de barbarie, et de même que la foi du moyen âge était fort peu entamée par ce qu'on appelle le « paganisme de la Renaissance, » de même le goût des grosses farces et des lourdes brimades coexistait fort bien avec les curiosités nouvelles et les subtils raffinements de l'esprit.

C'est ainsi que Ludovic le More volontiers laissait, là, Platon et Chalcondylas, pour faire piéger, par les paysans de Vigevano, les loups, renards, chats sauvages, et autres bêtes puantes des environs, qu'il leur payait à raison d'un ducat par tête, puis il les faisait porter, en tapinois, dans la maison de l'ambassadeur de Ferrare, Trotti, poltron notoire et homme grave, détestant les facéties. On imagine la colère du diplomate en découvrant toute cette faune cachée dans les lits, grimpée sur les armoires, rencognée derrière les coffres, hurlant et mordant... Le séjour de Vigevano lui devient odieux. Il maudit cette villégiature de chasse et soupire après son logis de Milan. A Milan, du moins, il se croit en sûreté... Point. La nuit, les bêtes puantes, transportées dans des sacs, par des estafiers subtils, sont jetées par-dessus le mur dans son jardin et y font grand carnage de volailles. La cour est aux anges. L'ambassadeur se barricade, renouvelle les serrures, se ferme à triple verrou : on simule des poursuites de police, des incendies, toutes sortes de stratagèmes pour introduire chez lui ce qui reste de diables velus dans les chenils du duc.

Enfin, Trotti se retire à Pavie où il tient de la munificence ducale une nouvelle maison, et il pend la crémaillère. Toute la Cour le suit. On avait, à cette époque, l'habitude de dresser la vaisselle d'argent sur un buffet, comme on le voit aux *Noces de Cana*, au Louvre, derrière la colonnade de gauche. On en profite pour dérober à l'amphitryon un plat d'argent qu'on va offrir de sa part à Béatrice. Le malheureux volé court le lui réclamer. Funeste inspiration ! Il est saisi à bras-le-corps par le duc et, ainsi immobilisé, il voit la petite duchesse s'approcher, plonger les mains dans son escarcelle et lui soutirer encore deux ducats d'or, dont elle fait largesse à la nièce de la maison, au milieu des éclats de toute la société, déclarant que, sans cette rançon, il ne reverra pas sa vaisselle, et elle s'en va, lui emportant encore son bonnet de soie, qu'elle ne lui rendra jamais ! Tout le monde se pâme et, comme on n'est pas égoïste, on exige que le malheureux ambassadeur en rende compte à son gouvernement, afin que la cour de Ferrare ait sa part du rire qui déploie les gorges princières à Milan.

Au milieu de ces enfantillages, le More découvre en sa femme, tout à coup, une travailleuse. Le 12 juin 1491, il écrit à Isabelle d'Este :

> J'ai passé plusieurs jours dernièrement à la Chartreuse (de Pavie) que votre Excellence, je le sais, a visitée à votre dernier séjour ici. Et comme je ne trouvais pas que les stalles du chœur fussent en aucune façon convenables, ni égales en beauté au reste de l'édifice, j'y retournai avant-hier; je les fis enlever et je donnai l'ordre que de nouvelles stalles fussent dessinées pour les remplacer. Et comme je m'en retournais, le duc et la duchesse et ma femme vinrent à ma rencontre et m'attaquèrent à l'improviste, Afin de me défendre, je répartis mes gens, dont la plupart étaient montés sur des mules, en trois escadrons et je chargeai l'ennemi en bon ordre, de sorte que ce fut un beau hourvari ! Ensuite, nous arrivâmes à la maison pour voir quelques jeunes gens courir la lance et, après cela, nous allâmes souper. Et comme ces illustres duchesses avaient mis dans leur tête de retourner à la Chartreuse, elles y revinrent hier matin et, lorsque l'heure de leur retour fut arrivée, je sortis pour aller à leur rencontre et je les trouvai toutes, les deux duchesses et leurs dames, déguisées en Turques. Ces costumes avaient été imaginés par ma femme qui les avait tous fait faire en une nuit ! Il paraît que lorsqu'elles commencèrent à travailler, hier, vers midi, la duchesse de Milan (Isabelle d'Aragon) ne pouvait cacher sa surprise en voyant ma femme coudre avec autant de vigueur et d'énergie qu'une vieille femme. Alors ma femme lui dit que, quoi qu'elle fît, que ce fût jeu ou chose sérieuse, elle ne pouvait s'empêcher d'y mettre tout son cœur et de tâcher de le faire le mieux possible. Assurément, dans ce cas, elle a réussi parfaitement. L'adresse et la grâce avec lesquelles son idée fut réalisée m'ont donné un plaisir que je ne saurais décrire.

C'est un jeu assez naturel et parfois divertissant entre gens qui ont trouvé, dans leur berceau, la fortune, que se demander ce qu'ils feraient s'il leur fallait faire précisément quelque chose, c'est-à-dire un métier qui nourrisse son homme. Et plus d'un, à cette hypothèse d'une éventualité improbable et ridicule, est empêché de répondre. Béatrice d'Este eût répondu sur-le-champ : elle eût été modiste. *Novarum vestium inventrix*, dit d'elle un contemporain. Car elle était d'aiguille et avait les trois dons de la modiste : l'esprit inventif, le don du mouvement perpétuel et le génie de l'ornement coûteux. Je ne parle pas du goût, qui n'a rien à voir en cette affaire, car il est bien difficile que les incessantes variations de la mode soient toutes heureuses et l'on voit que celles de Béatrice ne l'étaient point. Par exemple, étant courte et bientôt grasse, il lui eût fallu toujours porter des dessins à lignes verticales, et elle en porte sur sa robe pékinée, jaune et bleu sombre, qu'on peut voir au musée Brera, — mais elle porte, tout au contraire, des zones horizontales de filet, placées en volants, sur la robe de son tombeau, qu'on peut voir à la Chartreuse de Pavie. Elle aimait donc mieux risquer un dessin malheureux que remettre deux fois la même robe. Je ne le dis pas à son honneur de coquette ; je le dis à son honneur de modiste, — deux choses qu'il ne faut pas qu'on embrouille. Car la coquetterie, ou l'art de s'accommoder au mieux de sa beauté, conduirait la femme qui a trouvé ce mieux à mettre toujours la même toilette, et où irait-on alors ? Ce serait la ruine de la mode, la stagnation, l'enlizement, la fin de tout !

Les Dieux gardèrent Béatrice d'un penchant si funeste. Ils lui avaient donné, outre le génie de l'invention, l'audace qui ne recule devant aucune extravagance, quand il s'agit de se renouveler. En cela, d'ailleurs, elle était servie par les circonstances. Car, à cette époque et à Milan, la concurrence n'était pas libre. Le législateur, dans sa sagesse, réservait aux seules honnêtes femmes les toilettes tapageuses et ridicules. Toute surcharge de bijoux et de broderies, les longues traînes, les crevés, les choses déchiquetées, trop ouvertes, voyantes, compliquées, étaient interdites aux courtisanes. Bien entendu, cela ne les empêchait pas de les porter, mais, en le faisant, elles paraissaient suivre l'exemple des honnêtes femmes au lieu de le leur donner, selon l'usage. Comme, avec cela, Béatrice était la plus riche des princesses régnantes, sauf peut-être la reine de France, et la plus dépensière, elle pouvait tout oser et osait tout. A Vigevano, en 1493, c'est-à-dire deux ans seulement après son mariage, elle avait déjà quatre-vingt-quatre robes, sans compter toutes celles qu'elle avait laissées à Milan.

Sa garde-robe était si fastueuse que sa mère l'étant venue voir « crut entrer dans un trésor d'église » rempli de chapes tissées comme on savait tisser en ce temps-là. Nous ne connaissons point ces quatre-vingt-quatre robes, ni les centaines qui suivirent, mais nous en savons assez, soit par les descriptions, soit par les portraits eux-mêmes, pour rendre hommage à son génie gaspilleur et sentir toute la valeur de la définition donnée d'elle par ses contemporains et digne d'être gravée sur son tombeau : *Novarum vestium inventrix.*

Ce n'est pas que le thème général de ses costumes soit très varié. C'est toujours la *camora*, robe ample tombant jusqu'aux pieds, avec le corsage décolleté, lacé par devant et les manches indépendantes, d'une autre étoffe et d'une autre couleur que le « corps », moulant bien le bras et attachées à l'épaule par des nœuds ; ou bien c'est le *vestito*, grand habit de cérémonie, le plus souvent de brocart, couvert de galons et de dentelles, décolleté aussi, avec de longues manches à ailes, à *guarnazzone*, qui quittent le bras dès le coude et tombent à terre, ou bien parfois au contraire courtes et évasées en ailes de pingouin ; enfin, c'est la *sbernia*, manteau flottant sans manches ou quelquefois mantelet, avec manches larges garnies de fourrures précieuses. Plus rarement, on voit apparaître la *opelanda* déjà surannée au temps de Béatrice, robe assez semblable, dans sa ligne maîtresse, à la robe Empire : taille très haute, corsage très ouvert, jupe tombant droit, mais différente de la robe Empire par la longueur des manches à ailes et l'ample évasement de la jupe à terre. Voilà les seuls types bien définis et distincts des costumes de cour à cette époque. Mais sur ces trois ou quatre thèmes bien connus, que de variations ! Sauf la coiffure de Béatrice, qui reste toujours la même, tout change en elle avec une rapidité cinématographique.

Il y a, d'abord, les toilettes de relevailles. Au *Te Deum* qui suivit la naissance de son fils Ercole, plus tard Maximilien, Béatrice parut à Sainte-Marie-des-Grâces avec une « veste galante de toile d'or, enrichie de nœuds de soie turquoise, recouverte très galamment d'une *sbernia* de soie turquoise, » et à une fête qui lui fut donnée par Gaspare di Pusterla pour célébrer cet heureux événement, elle vint avec une aigrette de rubis dans ses cheveux et une robe de satin cramoisi brodé de nœuds et de compas d'or, avec beaucoup de rubans, selon sa coutume. Au même moment, elle ressuscitait une toilette qu'elle s'était fait faire pour le carnaval et qui était un *vestito* composé de toiles d'or posées en travers sur du velours cramoisi couvert d'un treillis d'argent filé, avec de longues franges d'argent sur d'autres bandes de toile d'or.

A la même époque, dans les réceptions habituelles, à Milan, elle arborait une *camora* de satin noir, avec des bandes de brocart d'or qui descendaient du haut en bas « en ondoyant comme des flammes ». Le cou et la poitrine étaient ornés de joyaux et la tête d'un chapeau de soie noire, poilu, sur lequel se dressait un panache « de telle sorte qu'elle paraissait une reine ».

Pour son portrait, en face de son mari, aux pieds de la Vierge et de divers saints, il lui fallait une autre toilette, moins souveraine, mais qui fît tout de même honneur à la divine compagnie. Vous la verrez, quand vous irez à Milan, si vous visitez le musée Brera et affrontez la solitude et l'ennui de la salle XVII, pour y chercher un grand tableau de sainteté appelé la *Pala Sforzesca*, autrefois à Saint-Ambroise *ad Muros*. Une harmonie en bleu, or et blanc sale avec des tranches de rouge cru sur les bords. On le donne tantôt à Zenale, tantôt à Ambrogio de Predis, tantôt à Bernardino dei Conti, tantôt à Antonio da Monza, et quel que soit celui à qui on le donne, on ne lui fait pas un grand cadeau. C'est une assez méchante peinture. Mais quelle admirable gravure de modes ! La Providence, dans sa bonté, a voulu qu'il y eût de mauvais peintres, afin que nous eussions d'exactes restitutions du passé. Il y a des indices que celle-ci est exacte. Ainsi, on a retrouvé un fragment du velours même dont est faite la tunique de Ludovic le More : bleu azur à garnitures satinées avec le motif ananas et œillets. Béatrice, de profil gauche, à genoux, les mains jointes, porte une robe pékinée, bleu, noir et or sur toute la longueur et aussi sur les manches : habit d'Arlequin, long, ajusté, dessinant les formes, décolleté assez haut, laissant voir une mince gorgière rose bordée d'un fil de perles. Un chapelet de crevés, par où jaillit la chemise blanche, s'arrondit autour de l'épaule et descend sur les manches jusqu'aux poignets, partout étranglé par des nœuds et des flots de rubans saumon.

Derrière la tête, coiffée comme notre buste, pend jusqu'à terre la longue et raide torsade, noire et blanche, le *cuazzone* des Milanaises, cheveux roulés dans une étoffe blanche et serrés par un cordonnet noir croisé en X. Il y a aussi des bijoux. La coiffe est faite de grosses perles serrées portant, vers la tempe, en appliques sur les cheveux, une pendeloque faite aussi de deux plaques

superposées, rubis clair et saphir et, au-dessous, trois
énormes perles disposées en guirlande ou *giande*, selon
l'usage du temps. La ferronnière est faite de petits
losanges de jais. Un collier également composé de losanges
de jais ceint le cou et un long sautoir, fait de jais et de
perles alternés, se suivant comme chenilles procession-
nelles, descend du cou jusqu'au bas de la poitrine et se
clôt par un pendentif rouge. Voilà ce que met Béatrice
d'Este pour vous recevoir au musée Brera.

Si, au contraire, c'est à Florence, au palais Pitti, dans
la salle d'Ulysse, que vous lui rendez visite, vous lui
trouverez une autre toilette : un corsage vert olive,
décolleté, bordé d'un galon d'or tordu, d'une large bande
de passementerie d'or, figurant des rinceaux et des
palmettes et d'un gros galon rouge, le tout dessinant
la gorge, l'épaule, et encadrant les bras. Au-dessus des
manches, qui sont distinctes du corps et rattachées au
corsage par des nœuds de soie noire en 8, s'arrondit une
épaulette de crevés blancs. Le long des manches, des
galons d'or descendent entre les crevés et encore cinq
chaînettes d'or serpentent entre les galons. C'est un
ruissellement d'affiquets précieux.

Toute la toilette n'est pas représentée : le buste seul
est visible. C'est toujours notre buste du Louvre, vu de
profil gauche, mais épaissi par l'âge et chargé de bijoux
par le More. La ferronnière est un fil jalonné d'émeraudes carrées. Le derrière de la tête est emprisonné
dans une coiffe de galons d'or d'un dessin régulier et
quasi géométrique. Les bandeaux sur la tempe sont
flanqués d'une pendeloque composée en haut d'un rubis
carré, au milieu d'une émeraude carrée plus grande que
le rubis, et en bas d'une énorme perle sans monture,
suspendue comme poire au poirier. Autour du cou, de
grosses perles rondes se serrent en un collier, d'où pend

Cl. Anderson.

¼ Pl. 3, p. 31

BÉATRICE D'ESTE PRIANT.

Fragment du tableau dit *La Pala Sforzesca*.
(Musée Brera, Milan.)

sur la poitrine un bijou fait d'une petite émeraude carrée et d'un gros rubis rond monté sur un serti très lourd et des griffes très apparentes et enfin d'une perle en poire, qui va se nicher, à demi, sous le corsage. Une longue chaînette d'or pend au-dessous et, enfin, du cou, tombe un long sautoir de corail qui va se perdre dans le cadre. C'est une des toilettes les plus minutieusement décrites qu'il y ait au palais Pitti.

Pour s'assurer une telle variété, il fallait y songer. Béatrice ne négligeait aucun détail, nul concours. Sa correspondance, où l'on ne trouve pas un mot sur les travaux des artistes qui l'entouraient, les Léonard de Vinci, les Bramante, fourmille d'allusions à ses modistes ou à ses brodeurs. Elle se fait envoyer des dessins de tentures et de robes par le brodeur de sa mère, un certain maëstro Jorba, Espagnol, fameux dans cet art, et les discute longuement avec les siens. « J'ai reçu ce soir, écrit-elle à sa mère, le dessin de la *camora* qu'a fait Jorba, que je trouve très beau, et je viens de le montrer à mon brodeur, comme Votre Excellence me l'a con- seillé. Il remarque que les fleurs du patron sont toutes de la même dimension, et, comme la *camora* sera natu- rellement plus étroite en haut qu'en bas, les fleurs devraient être diminuées dans la même proportion. Je n'ai pas encore décidé ce qu'il serait le mieux de faire, mais j'ai cru bon de vous dire ce que dit Schavezi et d'attendre votre avis, et alors de faire ce que vous pen- seriez le meilleur. »

Les deuils les plus cruels n'émoussent pas son désir. En novembre 1493, elle vient de perdre sa mère ; mais on a beau avoir du chagrin, il faut bien se mettre quelque chose sur le dos. D'ailleurs, elle va marier sa nièce Bianca- Maria Sforza, — celle dont le portrait, par Ambrogio de Predis, vient d'entrer au Louvre avec la collection

Arconati Visconti. Elle la marie avec le roi des Romains,
Maximilien, futur empereur d'Allemagne : il lui faut
une toilette monumentale, comme cet événement. Elle
se rappelle, fort à propos, un dessin de « chaînes entrelacées », une *fantasia dei vinci,* que l'humaniste Niccolo
da Correggio a autrefois imaginée pour sa sœur, et elle
grille de l'avoir. Mais est-elle encore inédite ? Elle se
hâte d'en écrire à Isabelle d'Este :

Je ne puis me rappeler si Votre Excellence a exécuté ce
dessin de chaînes entrelacées que messer Niccolo da Correggio
vous a suggéré la dernière fois que nous étions ensemble. Si vous
n'en avez pas encore commandé l'exécution, je projette de le faire
réaliser en or massif sur une *camora* de velours pourpre, pour
porter le jour du mariage de Mme Bianca, car mon mari désire
que toute la Cour quitte le deuil pour un jour et se montre en
habits de couleur. Ceci étant, je ne puis me dispenser de porter
des couleurs en cette occasion, quoique la grande perte que nous
avons éprouvée par la mort de notre chère mère ne m'ait guère
laissé de goût pour les inventions nouvelles. Mais puisque c'est
nécessaire, j'ai décidé de faire un essai de ce dessin, si Votre
Excellence n'en a pas encore fait usage, et de vous envoyer le
présent courrier, vous priant de ne pas le retenir, mais de me
faire savoir immédiatement si vous avez, ou non, essayé ce nouveau dessin.

Il était encore temps, paraît-il, car, le 29 décembre
1493, elle écrit de Vigevano à sa sœur, en lui rendant
compte de la cérémonie :

Je portais une *camora* de velours violet avec un volant et, brodées
par-dessus, les chaînes entrelacées en or massif émaillé, le fond en
blanc et les chaînes en vert comme de juste, — lesquelles chaînes
ont une demi-brasse de hauteur. De même, il y avait des chaînes
au corsage, devant et derrière, et les manches semblaient fixées par
ces mêmes chaînes. La *camora* avait quelques doublures de toile
d'or et, par-dessus le tout, un cordon de Saint-François fait de
grosses perles et, au bout, à la place du bouton, un beau rubis
balais sans feuilles.

Ce n'est pas seulement dans sa famille qu'elle va

prendre ses inspirations. A quoi peuvent servir des ambassadeurs, sinon à donner des idées de robes ? En 1492, lorsque l'ambassade milanaise est à Paris, pour conclure l'alliance avec Charles VIII, le secrétaire de la mission, Calco, est tenu de renseigner la duchesse sur les costumes de la reine de France : « Une robe de brocart d'or et une pèlerine de peau de lion, bordée de cramoisi », puis son bonnet, — la coiffure célèbre d'Anne de Bretagne, — « un bonnet de velours noir, avec une frange d'or pendante d'une longueur de doigt et un capuchon garni de gros diamants, tiré sur la tête et sur les oreilles ». Béatrice médite longuement sur ce texte; mais des mots, c'est trop vague. Il lui faut un dessin, et, le 8 avril, Ludovic écrit à son envoyé pour en obtenir un document graphique, afin que la même toilette puisse être réalisée à Milan.

Tant de soins ont leur récompense. Lorsque, deux ans plus tard, Charles VIII et sa Cour arrivent en Italie, ils trouvent la duchesse de Bari coiffée exactement comme leur propre reine. Elle avait suivi son mari à Annone, château à dix kilomètres d'Asti. Elle avait préparé avec un soin passionné son début devant les Français, comme l'épreuve la plus difficile de sa vie, un examen à passer devant les yeux les plus railleurs qu'il y eût au monde et habitués aux femmes les plus coquettes, et, tandis que sa sœur Isabelle mourait de jalousie dans son vieux Castello de Mantoue, elle, la cadette, alla au-devant du roi de France, sur un cheval couvert d'un caparaçon d'or et de velours cramoisi, vêtue d' « une robbe de drap d'or verd et une chemise de lin ornée par-dessus et estoyt habillée de la teste grande force de perles et les cheveux tortillez et abbatuz avec un ruban de soye pendant arrière », puis un chapeau de soie cramoisie fait exactement comme ceux de France et orné de plumes rouges et grises.

Les poètes ont chanté cet éblouissement. Ludovic le More fut grandement loué par eux d'avoir mis cet atout dans son jeu. On lit au *Vergier d'honneur* :

> Avecques luy fist venir sa partie,
> Qui de Ferrare fille du duc estait;
> De fin drap d'or en tout ou en partie
> De jour en jour volontiers se vestait.
> Chaines, colliers, affiquetz, pierrerie,
> Ainsi qu'on dit en ung commun proverbe,
> Tant en avait que c'était diablerie.
> Brief, mieulx valait le lyen que le gerbe.
> Autour du col, bagues, joyaux, carcans,
> Et pour son chief de richesse estoffer,
> Bordures d'or, devises et brocans.

Il faut croire que cette profusion plut aux « Barbares », car « le Roi mit galamment la barrette à la main, et, s'avançant vers Béatrice et ses quatre-vingts dames, les baisa toutes successivement en commençant par la duchesse et par la femme du seigneur Galeaz [1]. Ensuite on resta dans une grande salle à se divertir, on y fit danser Mme la Duchesse, et ils s'accommodèrent aussi bien que s'ils avaient déjà passé un an ensemble. »

Telles étaient les toilettes de ce temps : éclatantes, pesantes et bigarrées. Cela tenait de la chasuble, de la cuirasse et de l'Arlequin. Ce qui nous frapperait aujourd'hui, par contraste avec les nôtres, c'est leur variété extrême et les extrêmes libertés qu'on prenait avec la mode. Il arrivait bien quelquefois, en certaines occasions solennelles, que toutes les dames de la Cour fussent en uniforme, comme un pensionnat. C'est ainsi qu'au mariage de Béatrice, à Pavie, en 1491, toutes portaient le costume espagnol, avec le corsage ouvert circulairement et la *sbernia* jetée par-dessus l'épaule droite.

---

1. Bianca Sforza, fille naturelle de Ludovic le More et épouse de Galeazzo de San Severino. Voir, plus loin, le chapitre qui lui est consacré.

Leurs cheveux lourds de perles pendaient en tresses sur leurs épaules. Lors de la visite à Ferrare, en mai 1493, elles avaient toutes, semble-t-il, le même costume de brocart d'or et le même rosaire de perles. Enfin, à la cérémonie solennelle de l'investiture du duché à Ludovic le More, toutes les princesses et leurs dames étaient en uniforme vert et rouge, avec d'énormes crevés tout autour des épaules et la longue tresse roulée en queue et emmaillotée de blanc. Vues de dos, on eût dit une assemblée de Chinois. Mais cette uniformité était rare. D'ordinaire, ce qui régnait, c'était la diversité : diversité de formes et antithèse de couleurs, non seulement entre les toilettes différentes, mais dans la même toilette entre ses différentes parties, arlequinade fréquente, goût du mi-parti poussé jusqu'à la manie. Les manches presque toujours indépendantes du corps et d'une couleur tranchante, le tissu de la chemise apparaissant par les petites ouvertures appelées *stricce* ou *sbuffi*, les galons, les tresses, les blasons ou devises appliqués sur le fond de l'étoffe, l'or enfin, tirant l'œil, réfléchissant la lumière avec des effets de majoliques persanes ou d'ostensoir, et les rubans d'une autre couleur se déroulant à l'air et tombant jusqu'aux pieds, prêtaient à toutes sortes de fantaisies individuelles et d'excentricités.

Un autre élément de variété, à cette époque, était l'application de motifs brodés : devises, emblèmes, blasons, parfois notes de musique, sur le fond des robes. On peut en voir un singulier et magnifique exemple dans un tableau du musée de Bruxelles, tiré d'une église de Bruges : des saintes martyres, groupées dans un jardin délicieux autour de la Vierge et de l'Enfant, en grands habits de cérémonie. C'est une œuvre de la fin du XVe siècle, dans la manière de Memling et de Gérard David. L'artiste a imaginé que chaque sainte, une fois

admise au Paradis, a endossé une toilette éblouissante
de luxe, sur laquelle on voit figuré, maintes fois répété,
comme un motif ornemental, l'instrument de son martyre : des roues pour sainte Catherine, des tours pour
sainte Barbe, faites de perles brodées sur le fond ou
d'un tissu d'or appliqué en soutaches. Idée ingénieuse
et touchante : l'instrument du supplice sur la terre
devenant l'ornement du triomphe dans le ciel, c'est-à-
dire l'épanouissement en délices spirituelles des peines
endurées ici-bas.

Sans doute, les motifs qui décoraient les robes des
belles Milanaises, au même moment, n'étaient point
d'un symbolisme si profond, ni si austère, mais tout
autant ils étaient intentionnels et prémédités. Les tours
du port de Gênes, les compas, les caducées, les chaînes,
les notes de musique voulaient dire quelque chose.
Politique, guerre ou paix, alliances, conquêtes, il y avait
un peu de tout dans les plis de ces robes blasonnées ;
même les papillons qu'on voyait voleter autour d'une
torche, appliqués sur le fond des jupes ou des corsages,
rébus ambulants, étincelants aux lumières, prévenaient
les galants qu'ils se brûleraient à vouloir trop approcher.

Il ne faut pas juger des modes de ce temps par les
portraits que nous ont laissés les grands artistes. Les
grands artistes sont de grands poètes en matière d'ajus-
tements. D'abord, ils ajustent en effet ; ils coupent et
ils cousent à leur façon, infiniment mieux que les coutu-
rières : c'est ce qui apparaît, avec la dernière évidence,
si l'on compare les quelques costumes qui nous restent
du XVIIIe siècle, guindés et massifs, avec ce qu'en ont
fait, dans leurs tableaux, La Tour ou Perronneau, ou
même Moreau le Jeune. Ensuite, il est rare qu'ils permettent à leurs modèles les exagérations ou les affec-
tations de la mode. Le précepte de Léonard de Vinci

« qu'il faut fuir le plus qu'il se peut les modes de son temps » a été adopté, d'instinct, par presque tous les maîtres.

Toutes les fois, en effet, que nous retrouvons, à côté de leurs chefs-d'œuvre, des documents subsidiaires sur les toilettes qu'ils ont interprétées, nous voyons qu'en entrant dans leur atelier, la belle dame a laissé tomber bien des affiquets, comme la langue, en entrant chez le grand écrivain, laisse tomber ses préciosités et son argot. En fait, la coquette de la Renaissance était beaucoup plus compliquée et bizarre que ne nous la montrent les Titien, les Raphaël, les Vinci. Pavoisée de rubans, lardée d'aiguillettes, ponctuée de perles, avec des chapelets de crevés sur ses manches, des ballons de linge aux coudes, des filets de broderies sur sa jupe, juchée sur des patins, couverte de devises en or comme un missel, ou de notes de musique comme un antiphonaire, elle semblait une enseigne vivante d'érudition, de richesse et d'art ; mais si, avec cela, il lui restait de la grâce, c'était bien moins à son costume qu'à elle-même qu'elle la devait.

Ce qui frappait le plus les étrangers dans le luxe de Béatrice d'Este, et notamment les Français, c'étaient ses bijoux. Beaucoup de reines se seraient ruinées à vouloir égaler, en ce point, la reine de France. Béatrice ne s'inquiétait pas de ce détail et prétendait bien rivaliser avec elle. Selon M. Malaguzzi Valeri, dont les informations sont tout à fait sûres, Ludovic possédait des joyaux, *zoie*, en très grande quantité : un bijou composé d'un gros diamant et de trois perles suspendues appelé *il Lupo*, qui fut estimé 12.000 ducats ; puis un balais (rubis de prix inférieur au rubis oriental et de couleur rouge violacé très en usage au moyen âge) appelé *el Spico*, estimé 25.000 ducats ; d'autres encore d'une valeur de deux, quatre, sept mille ducats pièce, chacun différencié par un nom propre : *el Buratto* (le blutoir), *la Sempreviva della Moraglia*, un gros rubis *con l'insegna del caduceo* (une devise qui lui était chère). Un *balasso* appelé certainement à cause de sa forme : *il Marone*, valait 10.000 ducats, c'est-à-dire environ 86.000 francs, et six ou sept fois plus en valeur actuelle de l'argent ; un autre balais, avec l'effigie du duc, d'une valeur de 1.000 ducats ; un anneau d'or du même prix, des diamants pour porter sur le front, des gorgerins d'or émaillé à la *franzese*, beaucoup de bouquets, de 180, 160, 70, 40 perles chacun, de toutes les grosseurs : une seule perle avait bien une valeur de 10.000 ducats. Le médecin Lodovico Carri, ébaubi de tant de richesses, écrivait au duc de Ferrare, le 16 octobre 1492, de Vigevano : « Le seigneur Lodovico m'a montré tant et de si beaux joyaux que je ne croyais pas que Cyrus ou Darius en aient eu tant et de tels. Ce matin, il en a donné un, en notre présence, à la duchesse de Bari qui vaut 10.500 ducats. »

Le trait curieux, c'est qu'elle portait toute cette joaillerie en plein air et en plein soleil, dans les champs. Trotti, l'ambassadeur de Ferrare, écrit de Vigevano, le 1er mai 1492 :

Aujourd'hui, qui est le premier de mai, ces illustres seigneurs (le duc de Milan et le duc de Bari) avec ces illustres duchesses, leurs épouses, et toute la cour, hommes et femmes, sont allés à la campagne, jusqu'à peu près trois milles d'ici, avec leurs faucons pour les faire voler. Et, après, nous suivions en grande pompe et en très nombreuse compagnie. Les duchesses (Béatrice d'Este et Isabelle d'Aragon) s'étaient coiffé la tête à la française, c'est-à-dire avec la corne sur le front et de longs voiles de soie ; leurs cornes étaient garnies de très belles perles entremêlées de beaucoup de joyaux : diamants, rubis, émeraudes et autres très dignes butins, ce qui était une chose très somptueuse et très riche ; mais les perles de la duchesse de Bari (Béatrice d'Este) étaient beaucoup plus grosses et belles que celles de la duchesse de Milan (Isabelle d'Aragon). Elles étaient toutes vêtues de *tabis* (soie moirée) vert, tant pour les vestes que pour les *camoras* et les manches, et semblable était l'illustre Madame Bianca, fille (naturelle) du seigneur Lodovico, sans différence aucune. Les haquenées toutes blanches et très belles étaient toutes garnies de satin vert, tant comme harnachements que comme housses. La majeure partie de leurs demoiselles étaient coiffées de cornes à la française, avec les longs voiles de soie pendant jusqu'à terre, mais sans joyaux. Toutes étaient semblablement vêtues de vert, soit en damas, soit en satin, soit en *zendali* vert. Elles étaient environ quarante et les bouquets ayant été ramassés avec grande joie et pompe, on s'en retourna à la maison pour dîner.

Ici, nous apercevons une occasion que n'ont plus les femmes de déployer leurs toilettes. Parmi les plaisirs que l'humanité, chemin faisant, a laissé perdre, il n'en est pas de plus vif, de plus obsédant, ni de plus entièrement disparu que la chasse au faucon, avec tout son apanage : oisellerie, volerie, dressage de chiens, langage spécial ou argot précieux, dont tant de mots ont passé dans notre langage usuel. Ce fut, durant des siècles, le sport-type des hautes classes sociales, l'engouement, la passion sans rivale, le signe sensible de la gentilhommerie, la seule science où un roi se fît l'honneur d'être versé, le seul sujet qu'on pût traiter indéfiniment sans pédanterie ni satiété. C'était aussi un plaisir des dieux. On le figurait autour de la crèche, dans les ciels des Visitations et des Nativités. Il n'est pas rare, quand on regarde une *Adoration des Mages*, chez les Primitifs, de voir, dans le bleu pur qui devrait être réservé au seul vol des anges, un faucon liant un milan ou assaillant un héron, au risque d'être transpercé par son long bec pointu :

> Qui auroit lors la mort entre les dents
> Il revivroit d'avoir tel passe-temps !

s'écrie un bon chanoine du XVe siècle.

Nous ne savons si nous y prendrions le même plaisir

Mais sans conteste, nous avons perdu, là, un divertissement hautement esthétique. Qu'on se figure le défilé
des cavaliers, deux par deux, le faucon au poing, perché
sur le gant crispin blanc ; les dames en grand habit
ajusté, ruisselantes de perles ; les meutes de dogues, de
lévriers et de barbets, les pages et les valets de chiens,
vêtus de couleurs vives, mi-parties, comme figures de
cartes à jouer ; puis le rangement en ligne, la quête dans
la lande fleurie ou le long des rivières, le dridrillement
des grelots accordés à un demi-ton, les aboiements, les
sifflets, les cors ; puis le départ du gibier, le jet du faucon aux profondeurs du ciel, sa retombée sur sa proie,
l'écart brusque de l'oiseau chassé, qui évite ainsi le
bolide vivant, la remontée du chasseur, le duel en l'air
de l'oiseau noble et de l'oiseau charognier, les plumes
éparpillées sur le nez des badauds, les feintes, les vire-
voltes, la poursuite à terre enfin, la galopade au lieu de
la chute, la mêlée des chiens et des oiseaux sur la victime, le poing tendu pour que le gerfaut descende s'y
poser, ou les leurres tournoyant aux mains des fauconniers comme des frondes, jusqu'à ce que le faucon
harassé, sanglant, déplumé, à bout de souffle, son petit
cœur battant, revienne à son maître : que l'on compare
tous ces gestes en extension, et qui font jouer un à un
tous les ressorts de la machine humaine, avec le geste
court, rentré, du chasseur qui épaule ou, le dos rond sur
la sellette, qui attend le passage de la volaille effrayée
par des rabatteurs en blouse, et l'on verra tout ce que le
fusil a fait perdre à la chasse de variété, de couleur, de
mouvement.

Même la chasse à courre aujourd'hui ne peut se comparer à la vénerie de la Renaissance. L'habit uniforme
qu'on endosse, le peu de monde qu'on met en train, la
banalité des armes et des auxiliaires qu'on emploie,

pour forcer ou prendre la bête, ne sauraient évoquer l'éblouissant cortège de ces seigneurs qu'on voit, au Riccardi ou à la Schifanoia, costumés selon leur rang et leur pays, armés de toutes sortes d'engins curieusement ciselés, dont les gaines même étaient des merveilles d'art, avec leurs piquiers, leurs cranequiniers ou arbalétriers et les porteurs de stambecchina, et leurs écuyers à cheval ayant en croupe, sur de petites plates-formes, les léopards tachetés ou guépards ; — d'où ce spectacle : le fauve déchaîné se jetant à terre, et après deux ou trois bonds saisissant le lièvre ou le chevreuil, tandis que les valets se précipitent, une sébile pleine de sang à la main, pour lui faire lâcher prise : — tout un luxe barbare et raffiné qui n'a plus, chez nous, son équivalent esthétique.

Or, c'est là ce que voyait tous les jours Béatrice d'Este. La cour de Milan y était fameuse. C'est là qu'on avait, pour la première fois, enrôlé des léopards dans les équipages de chasse. C'est là qu'on fabriquait le mieux les sonnettes, jets, virevelles et autres accessoires du vol. Les Sforza n'en tiraient point petite vanité. Car ces grands Mécènes étaient surtout de grands chasseurs et, en feuilletant leur correspondance, on aperçoit une chose que les historiens d'art nous taisent soigneusement : c'est qu'ils s'intéressaient infiniment plus à la vénerie qu'à la peinture.

Leurs terrains de chasse étaient immenses et peut-être les meilleurs de l'Europe, en tant qu'il s'agissait de chasses aménagées et entretenues. Quand on se promène en Lombardie, dans cette vaste plaine arrosée par le Tessin et ses affluents et une multitude de canaux, autrefois très boisée, si l'on parcourt le triangle formé par Milan à l'Est, Novare à l'Ouest et Pavie au Sud, on rencontre, à tout instant, de massives constructions du XVe siècle, à figure de châteaux forts ou de maisons

fortes, devenues des fermes, des écoles ou des prisons.
Ce sont les anciens rendez-vous de chasse de Ludovic
le More : Pavie, Vigevano, Abbiategrasso, Bereguardo,
Cusago, Binasco, Galliate et bien d'autres moindres.
Ces châteaux, demi-palais, demi-forteresses, parfois
fermes modèles comme la Sforzesca, hantés par la grande
ombre de Léonard de Vinci, dressaient alors leurs cré-
neaux au milieu de parcs abondamment fournis de
chevreuils, de bouquetins, de lièvres, de perdreaux,
qu'on faisait venir, lorsque besoin était, de Domodossola,
du lac Majeur et de la Valteline. Dans le seul parc de
Pavie, ondulé, boisé, traversé par deux rivières, on
estimait à cinq mille têtes la population errante et galo-
pante des cerfs, des daims et des chevreuils. Les sangliers
ne manquaient pas. Les lapins se terraient en foule ; les
faisans foisonnaient dans les halliers ; les cailles pépiaient
dans les champs ; les hérons, les canards et les autres
oiseaux de rivière clabaudaient sur les rives poisson-
neuses ; les cygnes glissaient sur les eaux lentes. Mille
sortes de fumets délicieux et d'odeurs éparses dans l'air
sollicitaient les narines mobiles des chiens en quête.
C'était le paradis des chasseurs : — un paradis perdu
aujourd'hui, la chasse étant un des rares domaines, le
seul peut-être, que le progrès n'a nullement enrichi,
mais plutôt appauvri, la diversité des espèces de gibier,
dans notre Europe occidentale, diminuant chaque jour.
Il était donc naturel que les Sforza eussent la passion
d'un sport qui leur était si facile.

Les femmes avaient une autre raison pour s'y jeter à
corps perdu : c'est qu'elles trouvaient, là, une occasion
admirable de déployer leurs toilettes. A cette époque,
où les lumières artificielles étaient faibles et rares, et
allumaient peu de feux sur les bijoux, il fallait, si on les
voulait montrer, les produire au soleil. Aussi, dès qu'une

chasse était annoncée, on s'acheminait vers l'épaisse *Tour du Trésor* ; de ces belles armoires dessinées par Léonard de Vinci, on tirait les lourds pendentifs, les colliers, les guirlandes, les boucles d'oreille, les diadèmes, et, au galop des haquenées, tout cela tressautait sur les gorges, ondulait en plein vent, dans les halliers, sous les branches battantes, parmi les foulées sonores, l'éboulement des cailloutis, des éclaboussures des flaques d'eau, les cris, les abois des chiens et les miaulements des guépards.

Au mois de mars 1491, Béatrice d'Este écrit à sœur Isabelle :

Je me trouve à Villanova, où la beauté du pays et la douceur de l'air nous font croire que nous sommes déjà au mois de mai, tellement le temps dont nous jouissons est chaud et splendide. Chaque jour nous sortons à cheval, avec les chiens et les faucons, et mon mari et moi, nous ne revenons jamais sans nous être excessivement amusés à chasser les hérons et oiseaux de rivière. Le gibier est si abondant, ici, qu'on voit des lièvres partir dans tous les coins, de telle sorte que, souvent, nous ne savons de quel côté nous tourner pour faire la plus belle chasse. En vérité, l'œil ne peut apercevoir tout ce qui sollicite notre désir et il est presque impossible de dire le nombre des animaux qu'on peut trouver dans les environs. Je ne dois pas oublier de vous dire, non plus, combien, chaque jour, Messer Galeazzo et moi, avec un ou deux courtisans, nous nous amusons à jouer à la balle, après le dîner, et nous parlons souvent de Votre Excellence et nous souhaitons que vous soyez ici. Je dis tout cela, non pour diminuer le plaisir que j'espère que vous aurez quand vous viendrez ici, en vous montrant ce que vous pouvez attendre y trouver, mais afin que vous sachiez combien je suis heureuse et combien mon mari est bon et affectionné, car je ne peux jouir entièrement d'aucun plaisir si je ne le partage avec vous. Et je dois vous dire que j'ai fait planter tout un champ d'ail pour votre usage, afin que, lorsque vous viendrez, vous ayez à foison votre mets favori. — 18 mars 1491.

Séduite par la perspective de ce raffinement suprême, Isabelle finit par venir, l'an d'après, et voici ce qu'elle écrit à son tour, de Galliate, le 27 août 1492 :

Aujourd'hui, nous sommes allés chasser dans une belle vallée, telle qu'on eût dit qu'on l'avait créée exprès pour le spectacle. Tous les cerfs étaient poussés dans la vallée boisée du Tessin et forclos de chaque côté par les chasseurs, de sorte qu'ils étaient forcés de passer la rivière à la nage et d'escalader les montagnes où les dames les attendaient, de dessous la pergola et ses tentes vertes dressées sur la colline. Nous pouvions voir tous les mouvements des animaux, le long de la vallée et sur le versant des montagnes où les chiens les poussaient à travers la rivière. Mais deux seulement grimpèrent sur le coteau et disparurent à l'horizon, en sorte que nous ne les vîmes pas tuer, mais don Alfonso et Messer Galeazzo leur donnèrent la chasse et réussirent à les blesser. Ensuite, vint une biche avec son petit, mais on ne permit pas aux chiens de les poursuivre. On leva beaucoup de sangliers et de chevreuils, mais un seul sanglier fut tué sous nos yeux et un seul chevreuil, lequel m'échut en partage. Le dernier qui vint fut un loup, qui fit des bonds magnifiques en l'air ; il passa devant nous et amusa la société, mais aucune de ses ruses ne sauva la pauvre bête, qui bientôt eut le sort de ses camarades. Et ainsi, avec de grands rires et en nous amusant fort, nous retournâmes à la maison pour finir la journée en soupant, afin de faire partager au corps les récréations de l'esprit.

La chasse est aussi une bonne occasion de farces et de mystifications. Ces seigneurs du XVe siècle n'étaient point également compliqués, ni exigeants dans tous leurs appétits. Il leur fallait beaucoup de choses pour se venger, mais peu pour se divertir. Quelques mois après cette expédition, Isabelle d'Este étant retournée chez elle, à Mantoue, Ludovic le More lui écrit :

Chère et très illustre et excellente dame, vous savez quelles bonnes parties nous faisons dans les chasses au sanglier, auxquelles vous avez assisté l'été dernier. Le pauvre Mariolo (bouffon de la Cour de Milan), dont vous vous souvenez, n'a pas pu y prendre part, d'abord parce qu'il était malade à Milan et plus tard parce qu'il a été chargé de tenir compagnie à ma femme durant sa maladie et il a été très marri d'être absent lors de ces expéditions, lorsqu'il a appris que les ambassadeurs du Roi, eux-mêmes, avaient blessé un sanglier. Il nous a dit quelles grandes choses il aurait faites s'il avait été là. Maintenant que ma très chère femme va mieux et commence à pouvoir sortir, j'ai pensé que nous pourrions nous divertir un peu à ses dépens. Quelques loups et quelques chevreuils ayant été chassés dans dans un bois près de la Pecorara. qui est, comme vous le savez, non loin de la Sforzesca, le cardinal Sanseverino a fait enfermer un cochon dans le même enclos et, le lendemain, nous sommes partis pour la chasse en emmenant Mariolo. Tandis que nous chassions les loups et les chevreuils, nous lui laissâmes le cochon, qu'il prit pour un sanglier et qu'il chassa à grand fracas et à grand bruit, le long des bois. Si seulement Votre Excellence avait pu le voir courant après ce cochon, vous seriez morte de rire, d'autant plus qu'il essaya bravement de le transpercer trois fois et n'arriva qu'une fois à le toucher au flanc. En voyant combien il était fier de sa prouesse, nous lui dîmes : « Ne sais-tu pas, Mariolo, que tu as donné la chasse à un cochon ? » Il demeura muet d'étonnement et tout effaré, comme s'il ne savait ce que nous voulions dire et ainsi nous rentrâmes chez nous, infiniment divertis, chacun demandant à Mariolo s'il ne savait pas la différence qu'il y a entre un sanglier et un cochon. Votre frère, Lodovico Maria Sfortia, Vigevano, 6 décembre 1492.

Tels étaient les divertissements du plus raffiné des princes de la Renaissance.

On serait tenté, après cela, de croire Béatrice d'Este, vouée à l'invention des toilettes ou à de grossières farces à son bouffon... Il n'en est rien. Modiste et sportive à l'habitude, tout à coup la voilà muée par les circonstances en diplomate. Avant l'âge de dix-huit ans, elle tente de convertir le Doge et la Seigneurie aux vues de Ludovic le More, ou tout au moins de connaître les leurs. Non pas à titre officiel : Ludovic le More savait ce dont nos féministes modernes n'ont pas l'air de se douter : que la grande force de la femme est d'agir par surprise, de dissimuler une volonté dans un sourire et de prendre l'homme au dépourvu de son esprit critique. En prévenant les gens qu'ils vont avoir affaire à une professionnelle de la diplomatie ou du droit, d'une science ou d'un métier, on rend à la femme le plus mauvais service. On dissipe le charme de l'improviste, on met en garde ; l'œuvre perd beaucoup à ne plus considérer l'ouvrière : ce n'est plus

qu'une œuvre humaine, c'est-à-dire peu de chose.
Ludovic le More se garda bien de dire qu'il envoyait à
Venise une ambassadrice, ce qui aurait mis en émoi
le roi de France et l'Empereur, avec qui justement il
traitait de son côté, et en garde les sénateurs. Il dit qu'il
y envoyait une femme, sa femme, dont il était fier pour
sa beauté et ses atours. Elle s'en allait avec sa mère et
sa belle-sœur, en famille, comme une touriste qui veut
voir Saint-Marc ; elle descendait le Pô en coche d'eau,
avec ses secrétaires, ses dames d'honneur, ses pages,
son chapelain et son ténor. On jouait au *scartino*, on
devisait, on écoutait chanter, tandis qu'au fil de l'eau
se déroulaient paresseusement les collines et les plaines.
Mais dans la longue file des coffres empilés sur les barques
qui entraient dans la lagune, sous les *camoras* de tabi
cramoisi, les *vestiti* de brocart d'or, les escoffions em-
perlés, les aigrettes de joyaux, il y avait des instructions
enfouies et dissimulées. Et, tous les jours, des courriers
partaient de Milan, la rejoignaient, faisaient sa religion,
modifiaient son attitude.

Elle parut enfin devant les délégués de la Seigneurie,
dans la *Sala del Collegio*. Elle parla, et tandis que les
yeux se fixaient sur ses bijoux célèbres, sur le *Spigo*
ou le *Marone*, des paroles insinuantes tombaient des
lèvres de la jolie ambassadrice. On entendait vaguement
des choses comme celles-ci : le roi de France pourrait
bien descendre en Italie, et pousser jusqu'à Naples ;
l'empereur Maximilien pourrait bien ne pas refuser
plus longtemps à Ludovic le More le titre de duc de
Milan ; celui-ci était *persona grata* auprès des deux ;
d'ailleurs, pratiquement, il gouvernait la Lombardie
sous le nom de son neveu... L'arc effilé de ses lèvres
décochait des traits fort pénétrants. Les sénateurs ne
s'étaient jamais vus à pareille fête. Ils comprirent, ce

jour-là, pourquoi la cour de Milan attirait tant les
étrangers :

Il ne faut s'ébahir, disaient ces bons vieillards...

Mais, au vrai, ils ne s'ébahirent pas. Ils admirèrent la
petite ambassadrice, l'applaudirent, la comblèrent
d'honneurs : ils ne firent pas tout ce qu'elle voulait.
Hélène, elle-même, n'aurait pas changé un vote dans
l'auguste assemblée. On tomba, du moins, d'accord sur
son charme, et il n'est point sûr qu'elle ne préférât
point cela. Toujours est-il qu'elle ne manque jamais, à
la fin de chaque dépêche, de dire la robe qu'elle portait,
et qu'elle revint ravie de ses vieux auditeurs.

On a conservé quelques-unes des lettres qu'elle écrivait chaque jour à son mari sur les incidents du voyage.
On y voit que son entrée à Venise fut celle d'une souveraine :

Très illustre Prince et excellent Seigneur, mon très cher époux,
lui dit-elle.

Je vous ai écrit, hier, à notre arrivée à Chioggia. Ce matin, j'ai
entendu la messe dans la chapelle de la maison où je loge. Les
chanteurs y étaient et j'ai ressenti les plus grandes délices spirituelles à les entendre, Messer Cordier faisant sa partie admirablement, à son ordinaire, comme il l'a faite aussi hier matin.
Certainement, son chant est la plus grande consolation possible.
Ensuite, nous avons déjeuné, et, à dix heures, nous sommes
montés sur le Bucentaure, nous répartissant entre le moyen et le
petit Bucentaure et dans quelques gondoles, qui nous avaient été
préparées pour plus de sûreté, le temps étant encore plutôt
orageux. Ma très illustre mère, Alfonso et Madame Anna, avec
quelques serviteurs, montèrent dans le petit Bucentaure et les
autres dames et gentilshommes voyagèrent sur le plus grand, ou
dans de petites gondoles, avec le seigneur Girolamo, messer Visconti et quelques autres, afin d'alléger le petit Bucentaure et de
voyager plus commodément, comme on nous l'assurait.
Ainsi, nous partîmes et atteignîmes le port de Chioggia, où les
bateaux commencèrent à danser. Je pris le plus grand plaisir à
sauter de haut en bas et, grâce à Dieu, je n'en ressentis point du

tout le mauvais effet. Mais je dois vous dire qu'il s'en trouva parmi nous qui eurent grand'peur, entre autres le seigneur Ursino, Niccolo de Negri et Madonna Elisabetta. Même le seigneur Girolamo, quoiqu'il eût été très sobre, se sentit plutôt incommodé, mais personne, dans ma gondole, ne fut réellement malade, si ce n'est Madonna Elisabetta et le cavalier Ursino, dans le port de Chioggia. La plupart des autres et surtout les femmes furent très malades. Ensuite le temps s'améliora, si bien que nous arrivâmes à Malamocco tout à fait à temps. Là, nous trouvâmes environ vingt-quatre gentilshommes avec trois gabarres, admirablement aménagées et décorées, dans l'une desquelles nous entrâmes avec autant de gens de notre suite qu'elle en pouvait porter et nous fûmes honorablement placée à la proue. Plusieurs gentilshommes vénitiens entrèrent, alors, dans notre gabarre et un certain messer Francesco Capello, couvert d'un long manteau de brocart blanc, brodé de grands dessins d'or comme vous en portez, prononça un discours, pour nous informer que l'illustre Seigneurie, ayant appris votre présence à Ferrare, avait envoyé deux ambassadeurs pour témoigner de l'amitié qu'elle vous porte et qu'ensuite ayant appris la visite de ma mère et la mienne à Venise, elle avait envoyé les autres gentilshommes qui nous ont reçus à Chioggia et maintenant, comme un gage de plus de son affection, elle envoyait ceux-ci à Malamocco, pour exprimer le grand plaisir que cette Seigneurie ressentait à notre venue, et nous informer que le Doge lui-même, avec la Seigneurie et un certain nombre de nobles dames, allaient nous souhaiter la bienvenue et nous rendre honneur autant que faire se pouvait. Ma mère, avec sa modestie habituelle, me pria de répondre, mais j'insistai pour qu'elle prononçât quelques paroles. après quoi, je commencerais à parler moi-même. Mais à peine avait-elle fini de parler et avant que j'eusse commencé, tous les gentilshommes se précipitèrent pour nous baiser les mains, comme ils l'avaient fait le jour d'avant, de sorte que je ne pus exprimer mes sentiments que par des gestes aimables...

Alors nous partîmes pour Venise, et avant que nous ayons atteint San Clémente, où le Prince nous attendait, deux radeaux vinrent au-devant de nous et nous saluèrent de sonneries de trompettes et de coups de canon, suivis par deux galères armées en guerre, et d'autres barques couvertes comme des jardins, ce qui était réellement beau à voir. Une quantité innombrable de barques, pleines de dames et de gentilshommes, nous entouraient maintenant et nous accompagnèrent tout le long du voyage jusqu'à San Clémente...

Et, ainsi, nous entrâmes dans le Canal Grande, où le Prince, qui causa avec nous tout le long du chemin, avec une bonté et une familiarité extrêmes, prit grand plaisir à nous montrer les principaux palais de cette noble cité et à nous désigner les dames qui apparaissaient, toutes brillantes de bijoux, à tous les balcons et fenêtres, en outre de la grande suite (environ cent trente dames), qui étaient avec nous sur le Bucentaure. Tous les palais étaient richement ornés et, certainement, c'était une chose splendide à voir. Le Prince nous montrait tous les objets principaux, le long du Canal, jusqu'à ce que nous eûmes atteint le palais de mon père, où nous sommes logées, et le Prince insista pour aborder et pour nous conduire dans nos appartements, quoique ma mère et moi nous le priâmes ne point prendre cette peine. Nous trouvâmes tout le palais tendu de tapisseries et les lits couverts de draperies, de satin, portant les armes ducales et celles de votre Excellence. Les appartements sont pavoisés aux couleurs des Sforza : ainsi vous voyez qu'en ce qui concerne la réception, la bonne compagnie et la manière de vivre, nous ne pouvions rien désirer de mieux... Demain, si l'audience a lieu, vous aurez encore d'autres nouvelles. Je me recommande à Votre Excellence. Venise, 27 mai 1493.

Comme on ne lui fit grâce d'aucun divertissement, ni d'aucun protocole, elle ne fait grâce à son mari d'aucune description :

Après dîner et un peu de repos, une grande suite de gentilshommes vint pour nous conduire à la *Festa*, au Palais... Pendant le bal, en raison de l'excessive chaleur de la salle, je commençai à avoir mal à la tête et comme ma gorge aussi me faisait souffrir, je quittai la salle et me retirai, pour me reposer, dans un autre appartement, pendant une heure. Lorsque je revins, il faisait déjà sombre ; une centaine de torches allumées pendaient du plafond et, sur la scène, on voyait une représentation, dans laquelle deux gros animaux avec de larges cornes apparaissaient, montés par deux figures, qui portaient des boules d'or et des coupes enguirlandées de verdure. Elles étaient suivies par un char de triomphe où trônait la Justice, une épée nue à la main, avec la devise *Concordia* et enguirlandée de branches de palmiers et d'oliviers. Dans le même char, était un bœuf, les pieds posés sur une figure de saint Marc, et une vipère : ceci, comme Votre Excellence le comprendra aisément, pour symboliser la Ligue. De même que, dans tous les discours, le Prince et ses gentilshommes parlent de Votre Excellence comme de l'auteur de la paix et de la tranquillité de l'Italie, de même, dans cette représentation, ils ont placé votre tête sur l'arc de triomphe au-dessus des autres...

Ensuite, vint le banquet et les différents plats et les confetti furent apportés, au son des trompettes, accompagnés d'un nombre infini de torches. Avant toutes les autres, vinrent les figures du Pape, du Doge, et du duc de Milan avec leurs armes et celles de Votre Excellence ; ensuite, Saint-Marc, la Vipère, et le Diamant et beaucoup d'autres objets en sucre colorié et doré, à peu près trois cents en tout, en même temps qu'une grande variété de gâteaux et d'entremets et de coupes d'or et d'argent qui, répandus tout le long de la salle, faisait un effet splendide. Entre autres choses, je vis une figure du Pape entouré de dix Cardinaux, que l'on disait être une préfiguration des dix cardinaux que le Pape doit créer prochainement. Le dîner était servi sur la scène et les plats circulaient avec beaucoup de ces « Triomphes », et le Pape, et le duc et la duchesse de Milan tombèrent dans mon lot.

Dans toute cette lettre, on sent l'application de l'ambassadrice à rendre compte des menus détails qui peuvent être, pour l'œil exercé du More, des indices diplomatiques. A la fin, l'enfant espiègle reparaît :

Après cela, nous montâmes dans nos bateaux et l'horloge sonna une heure du matin avant que nous fussions à la maison. L'évêque de Côme était assis près de moi toute la soirée, et son ennui profond de la longueur du spectacle et son dégoût de la grande chaleur qui régnait dans cette salle bondée m'ont fait rire comme je n'avais jamais ri de ma vie. Et, afin de le taquiner et de m'amuser davantage, j'imaginai de lui dire qu'il y en aurait bien plus long et que la fête durerait jusqu'au lendemain matin. Et c'était très amusant de le voir s'étirer tantôt sur une jambe, tantôt sur l'autre et de l'entendre geindre : « Mes jambes n'en peuvent plus ! Quand donc cette fête finira-t-elle ? Jamais on ne m'y reprendra ! » Je pense vraiment que ces soupirs et ces grognements m'ont donné autant de plaisir que la fête elle-même. Lorsque, à la fin, je fus à la maison, je soupai sobrement, et allai me coucher et il était déjà trois heures. La robe que je portai après dîner était de soie moirée cramoisi et or avec ma toque bordée de joyaux sur la tête et le collier de perles, avec le *marone* pour pendant. — Je me recommande à Votre Excellence. De Votre Excellence, l'épouse très affectionnée.   BÉATRICE SFORTIA VISCONTIS

Enfin, il y a en elle une âme de touriste, qui flâne et s'amuse de tout ce qu'elle voit.

Très Excellent et illustre seigneur, mon très cher époux, écrit-elle encore à Ludovic le More, pour continuer mon récit de ce qui nous arrive ici, jour par jour, je dois vous informer que, ce matin, mon illustre mère, don Alfonso, Madonna Anna et moi, avec toute notre suite, nous partîmes pour Saint-Marc, où le Prince nous avait invités, nous et nos chanteurs, à assister à la messe et à visiter le Trésor. Mais avant d'atteindre Saint-Marc, nous abordâmes au Rialto et nous allâmes à pied dans ces rues qu'on appelle *la Merceria*, où nous vîmes les boutiques d'épices, de soie et d'autres marchandises, toutes en bon ordre, et remarquables à la fois par la qualité, par la quantité et la variété des choses à vendre. Et d'autres métiers, il y en avait aussi un considérable étalage, de telle sorte que nous nous arrêtions à chaque pas pour regarder tantôt une chose, tantôt une autre et nous fûmes tout à fait contrariés d'atteindre Saint-Marc. Là, les trompettes sonnèrent d'une loggia qui est au front de l'église et nous trouvâmes le Prince, qui s'avança à notre rencontre aux portes de Saint-Marc et se plaçant, comme auparavant, entre mon illustre mère et moi-même, il nous conduisit au maître-autel, où nous trouvâmes le prêtre déjà revêtu de ses ornements sacerdotaux. Là, nous nous mîmes à genoux avec le Prince et récitâmes le *Credo* et ensuite nous prîmes les sièges préparés pour nous et entendîmes la messe que le prêtre et les assistants chantèrent avec une grande solennité. Nos chanteurs firent leur partie et leurs chants charmèrent au plus haut point à la fois le Prince et tous ceux qui étaient présents, spécialement celui de Cordier, qui se donne toujours un grand mal pour faire honneur à Votre Excellence.

Après la messe, nous accompagnâmes le Prince pour voir le Trésor, mais nous eûmes le plus grand mal du monde à avancer, à cause de la foule du peuple, qui se trouvait là, aussi bien que dans les rues, quoique chacun tâchât de nous faire place, le Prince allant jusqu'à crier, afin qu'on débarrassât le chemin. Mais, à la fin, le Prince lui-même dut se retirer en raison de la grande presse de la foule et nous laissa entrer avec seulement un petit nombre de personnes et même alors nous eûmes les plus grandes difficultés à avancer. Une fois en sûreté à l'intérieur du Trésor, nous vîmes chaque chose, ce qui fut un grand plaisir, car il y avait, là, une quantité infinie de très beaux joyaux et quelques coupes et calices magnifiques. Lorsque nous sortîmes du Trésor, nous allâmes sur la place Saint-Marc, parmi les boutiques de la foire de l'Ascension qui continue et nous trouvâmes une exposition de verres de Venise, tellement splendides que nous fûmes complètement transportés, et obligés de rester là longtemps. Et comme nous cheminions, de boutique en boutique, tout le monde se retournait pour voir les bijoux que je portais sur ma coiffe de velours et sur mon corsage,

lequel portait en broderie les tours du port de Gênes, et, spécialement, le grand diamant que je portais sur la poitrine. Et j'enten-
dais les gens se dire les uns aux autres : « C'est la femme du seigneur Lodovico. Regardez quels beaux bijoux elle a ! Quels rubis
et quels diamants splendides ! » A la fin, comme l'heure était déjà
avancée, nous rentrâmes à la maison pour dîner et il devait être
près de deux heures. Venise, 30 mai 1493.

Dans ce dernier trait, on retrouve encore de la diplomatie, non vis-à-vis de Venise, mais de son mari. Rouerie
fort banale du reste et naturellement inspirée par les
faits. Quelque habituées au luxe de la toilette et notamment des pierres précieuses que fussent alors les Dames
de la lagune, celles de Béatrice firent grande impression.
Surtout leur variété. Le jour de son arrivée, le Doge la
voit monter sur le Bucentaure avec une robe de brocart
d'or, brodée de colombes cramoisies, une aigrette de
joyaux dans les cheveux et, pour pendant, le fameux
rubis le *Spigo*. Le jour suivant, il admire, sur elle, une
camora de soie moirée, cramoisie, brodée d'un dessin
représentant toujours le port du fanal de Gênes, avec
deux tours brodées sur chacune des manches et deux
autres sur la poitrine et deux autres derrière le dos, à
chacune desquelles tours était suspendu un grand rubis
balais ! Sur la tête, elle portait un escoffion de perles
très grosses, comme les plus grosses d'Isabelle d'Este
et cinq autres rubis balais très beaux. Les Vénitiennes
en sont éblouies. Pour splendide que soit cette apparition,
il ne faut pas cependant que ces dames, ni la reine Cor-
naro, en ce moment à Venise, s'imaginent que Béatrice
est la femme d'une seule robe. Aussi, à la grande *festa*
du palais ducal, elle arrive avec une tout autre toilette.
Il faut lire dans le beau livre de Julia Cartwright (Mrs
Ady), *Beatrice d'Este duchess of Milan*, le détail de ses
atours. Chaque fois, le collier change, ou bien le solitaire.
Elle tire enfin de ses fourgons une *camora* brodée de

l'emblème du « caducée », qui est figuré en grosses perles, rubis et diamants, avec un gros diamant au sommet. A ce coup, les Vénitiennes rendent les armes et le secrétaire de Ludovic le More écrit à son mari « qu'il peut bien se tenir pour le prince le plus heureux du monde » d'avoir une femme si féconde en transformations.

Que ce débordement de passion somptuaire, non plus que ses accès d'espièglerie enfantine, ne nous égarent point pourtant sur son véritable caractère. Il ne faut pas prendre Béatrice pour une poupée déguisée en diplomate, une simple marionnette entre les mains du More. Il y a, en elle, une véritable femme d'État. Lorsque, par hasard, l'impresario en laisse échapper les fils, lorsque lui-même ne sait plus quel rôle jouer, elle agit toute seule, elle agit à sa place, et elle agit bien.

On le vit clairement, deux ans plus tard, en juin 1495, lors de l'expédition de Charles VIII en Italie. Cette expédition avait d'abord été encouragée par le More, comme un moyen d'intimider la dynastie qui régnait sur le Sud de la Péninsule. Mais elle avait, peu à peu, changé d'objet. Charles VIII ne pensait qu'à conquérir le royaume de Naples sur les Aragon, mais il avait auprès de lui son cousin, le Duc d'Orléans, le futur Louis XII, qui croyait avoir des droits sur la Lombardie et qui s'intéressait à cette station intermédiaire bien plus qu'au but du voyage. L'expédition française en Italie était donc une épée à deux tranchants, l'une aiguisée contre Naples, l'autre contre Milan. Pour qu'elle ne frappât que d'un côté, il fallait en tenir soi-même la poignée. Ludovic le More croyait en être capable, alors que le roi lui-même ne l'était point et que l'invasion, une fois déchaînée à travers la Péninsule, allait buter de son propre poids, là où on ne la prévoyait nullement. C'est ainsi qu'après Fornoue, et pendant le retour de Charles VIII vers la France, le Duc d'Orléans, qui était enfermé dans Asti, sut fort bien en sortir, malgré les troupes sforzesques, s'avancer sur Novare et menacer Milan.

Le More, qui était loin de s'attendre à ce coup, perdit la tête ; de Vigevano, où il était alors, il se retira à Abbiategrasso, puis au Castello de Milan et se mit à pousser des cris désespérés pour appeler au secours. « Il est en mauvaise santé, avec une main paralysée et haï par tout le peuple, dont il craint un soulèvement », racontent certains Frères Lombards, en arrivant à Venise. C'est à ce moment que Béatrice intervient. Elle prend les mesures nécessaires pour défendre le Castello en cas d'attaque ; elle rassemble les notables de Milan et leur dit les mots qu'il faut dire pour garder, unie, cette gerbe de forces et de volontés qui allait s'éparpiller. Elle convainc tout le monde de son aptitude à exercer le pouvoir par la violence du désir qu'elle a de le garder. C'est un peu Théodora sauvant Justinien. Il suffisait, en effet de tenir quelques jours. Les secours de Venise arrivaient peu après, et cette fois, du moins, le More fut sauvé.

Dans tout cela, où est la mère, où est la fille, où est l'épouse ? La mère est banale. Elle se manifeste dans les lettres qu'elle écrit sur ses deux fils, Ercole, plus tard appelé Massimiliano en l'honneur de l'Empereur, et Francesco. On y trouve l'orgueil habituel qu'inspirent de beaux enfants et la sollicitude que pourrait montrer la moindre des femmes de Lombardie, mêlés des préjugés habituels à cette époque. Par exemple, elle écrit, de Villanova, le 16 avril 1494, à sa mère :

Très illustre Madame et très chère Mère, votre Excellence doit pardonner mon retard à vous écrire. La raison est que, chaque jour, j'espérais que le peintre m'apporterait le portrait d'Ercole, que mon mari et moi vous envoyons par ce courrier. Et je puis vous assurer qu'il est beaucoup plus gros que ce portrait le fait croire, car il y a déjà plus d'une semaine qu'il a été peint. Mais je n'envoie pas la mesure de sa taille, parce que les gens d'ici disent que, si on mesure les enfants, cela les empêche de grandir. Sans cela, certainement, je vous la donnerais. Mon seigneur et moi, nous nous recommandons tous les deux à votre Excellence et je baise votre main, ma très chère mère. Votre obéissante servante et enfant. Béatrice Sfortia d'Este, de ma propre main.

L'épouse était ce que furent sa sœur Isabelle d'Este, la belle-sœur de sa sœur Elisabetta Gonzague, et presque toutes les princesses de ce temps, au moins dans le Nord de l'Italie : fidèle, affectueuse, tolérante. Nous l'avons vue fièrement jalouse et incompatible à son entrée au Palais, d'où elle fit chasser la Gallerani. Mais ce ne fut qu'un feu de paille : bientôt il ne resta plus que les cendres de l'expérience. Elle toléra la présence de l'enfant que sa rivale venait de donner au More : Cesare. Elle permit même qu'on le représentât, à genoux, aux côtés de son père, en face de son propre fils à elle, dans cette réunion de famille qui est au musée Brera : la *Pala Sforzesca.* A cette époque, en Italie, comme le remarque Commynes, on ne faisait pas « grant difference entre les bâtards et les enfants légitimes ». Ils étaient élevés ensemble : tout ce petit monde jouait pêle-mêle, écorchait le rudiment, participait à l'impartiale distribution des taloches, montait aux honneurs. Il arrivait même, comme on le voit par cet exemple, qu'on figurât les bâtards aux pieds de la Vierge, dans un tableau de sainteté : pour faire nombre, — Dieu bénissant les nombreuses familles. De fait, ce fut souvent, pour une dynastie, un bonheur que ces irréguliers de la famille : hommes d'État, hommes d'Église, capitaines, ils sauvèrent plus d'une fois ce que leurs frères légitimes avaient perdu.

Celui-là n'eut pas de si grandes destinées. Pourtant, quand il eut six ans, le More jugea qu'il était temps de lui donner un établissement convenable. Et, comme il s'agissait d'un bâtard, il pensa aux dignités ecclésiastiques. Justement, l'archevêque de Milan venait de mourir. Le jeune Cesare ne pourrait-il pas le remplacer ? La belle Cecilia Gallerani, déjà pourvue d'un mari authentique, se vit sur le point de l'être d'un fils archevêque. Mais le More était plein de prudence : avant de rien entreprendre, il s'en ouvrit au prieur de Sainte-Marie-des-Grâces, en qui il avait grande confiance. Celui-ci, considérant le jeune âge de l'impétrant, s'efforça de le dissuader. Et l'enfant continua de tendre des pièges aux oiselets ou de courir après les lézards, avec les galopins de son âge, au lieu d'être mis, en nom, à la tête d'un des plus grands diocèses du monde.

Il ne semble pas que Béatrice ait protesté, le moins du monde, contre ces projets. Elle accepta aussi, en silence, sinon avec résignation, les faveurs que son mari se plut à marquer, après cinq ans de mariage, à une de ses dames d'honneur, Lucrezia Crivelli, celle-là même dont on a cru longtemps voir, au Louvre, l'ovale sérieux et doux dans la *Belle Ferronnière*. La liaison du duc avec cette beauté célèbre, un des modèles les plus admirés de Léonard de Vinci, était publique. Si elle avait suscité quelque scène violente à la Cour, entre le mari et la femme, quelque chose en aurait passé dans les correspondances du temps. Or, nous n'y trouvons rien de pareil. Nous n'y voyons mentionnées que les traces d'une violente passion, qui devait être la dernière. Cette passion du More pour la Crivelli ne devait pas survivre à la mort de Béatrice, mais seulement des preuves de sa gratitude. Quelques mois après avoir perdu sa femme, le duc de Milan octroyait à son ancienne maîtresse le domaine de Cusago, en témoignage exprès « de l'immense plaisir qu'il avait toujours trouvé en sa compagnie », — et, comme il avait d'elle un fils, Gian Paolo, il se chargea de son éducation. Les Sforza n'eurent pas, dans la suite, de serviteur plus fidèle. Ce que Béatrice pensa au juste de ces infidélités, nous ne le savons guère ; nous croyons seulement qu'elle ne les paya pas de retour.

La vie d'intérieur comportait, aussi, pour elle comme pour la plupart de ses congénères, des distractions intellectuelles. Elle tenait, à ses moments perdus, c'est-à-dire quand elle n'était pas à cheval ou à sa toilette, une petite cour littéraire. Ce qu'on y pouvait remarquer de particulier et de savoureux, c'est que cette cour ne se composait pas seulement de littérateurs, mais d'artistes et d'hommes d'épée, comme, d'ailleurs, la cour que devait rassembler plus tard Elisabetta Gonzague, à Urbino. On y lisait la *Divine Comédie;* on y disputait sur la prééminence de Dante et de Pétrarque — Bramante, Calmetta et Niccolo da Correggio tenant pour le premier ; Gaspare Visconti, le duc et la duchesse pour le second. Bramante, l'architecte, y déployait ses dons d'ironiste et de comique. On y bataillait longuement sur les mérites respectifs de Roland et de Renaud, — Galeazzo de San Severino tenant pour Roland, Isabelle d'Este pour Renaud, et Bellincioni jugeant le tournoi.

Surtout on faisait de la musique. Le goût des femmes pour les arts plastiques est souvent voulu ; il est rare que, pour la musique, il ne soit pas spontané. Cristoforo Romano laissait là son travail d'orfèvre et de sculpteur pour accompagner, sur son luth, un sonnet ou une chanson, ou encore pour suivre Béatrice en voyage avec les autres musiciens de la cour. Bramante quittait ses plans et ses pierres, pour ordonner des décors de comédie, et Léonard de Vinci, ses rêves encyclopédiques pour dessiner des armoires. On ne saura jamais tout ce que les Mécènes de la Renaissance ont gaspillé de temps et de forces chez les artistes qu'ils eurent la chance de rencontrer et de combien de chefs-d'œuvre ils nous ont ainsi privés ! Mais ce gaspillage, c'est l'atmosphère même de la Renaissance. C'est la vie active qui fut, à cette époque, l'œuvre d'art suprême où les forces vives du génie se sont diffusées, jour à jour, au lieu de se concentrer dans des œuvres distinctes et durables. C'est par quoi, elle nous a laissé un éblouissant souvenir.

Béatrice n'avait ni une compréhension très aiguë des choses d'art, ni une âme très profonde. D'ailleurs, elle a peu vécu et, le plus souvent, ce sont les années qui, en s'amassant sur une âme, comme sur un objet les couches d'eau superposées, la font paraître profonde. Puis elle était éclipsée par sa sœur, l'ardente et déjà célèbre Isabelle d'Este. On les comparait constamment ; les poètes les chantaient à l'envi. Bellincioni disait :

> *Là ride e scherza or alle due sorelle :*
> *E chi sono ? Isabella e Beatrice*
> *Qui sono aperti i fiori, e verde é l'erba.*

Quand deux sœurs sont également admirées, égales en beauté, en succès, en bonheur, il est rare qu'elles ne soient pas unies. Lorsque l'une des deux entend parler d'un triomphe de l'autre, elle ne sait au juste si elle doit être fière ou jalouse : elle est généralement un peu les deux, et c'est cet esprit complexe sans doute et instable qu'on appelle l' « esprit de famille ». Vis-à-vis de Béatrice, Isabelle était une sœur pauvre ; mais vis-à-vis d'Isabelle, Béatrice était une folle enfant. Ludovic adorait sa femme ; mais c'est à sa belle-sœur qu'il demandait conseil et qu'il racontait ce qu'il faisait. Toutes les semaines, un courrier partait pour Mantoue, porteur d'interrogations et de confidences. En ce qui touchait les arts et les lettres surtout, Isabelle était la première consultée. Puis, ayant vécu beaucoup plus longtemps que sa sœur, patronné beaucoup plus d'artistes, ordonné, elle-même et selon sa fantaisie, beaucoup plus de palais et de décorations, c'est elle qui fait dans l'histoire figure de Mécène [1]. Pourtant, Béatrice, aussi, a été entourée d'artistes, de poètes et de lettrés. Elle fut aussi quelque chose comme une muse et elle a marqué assez pour que Castiglione, vingt ans plus tard, pût faire dire à Giuliano le Magnifique, dans le *Cortegiano*, au moment où il vient de parler d'Isabelle : « Il me fait mal, aussi, que vous n'ayez tous connu la duchesse Béatrice de Milan, sa sœur, afin que vous ne soyez plus émerveillés de l'esprit d'une femme. »

A la vérité, beaucoup des interlocuteurs du *Cortegiano* venaient trop tard pour l'avoir connue. Comme la belle Simonetta, comme Albiera degli Albizzi, comme Giovanna Tornabuoni, comme Marietta Strozzi, Béatrice devait vivre bien plus longtemps dans l'imagination qu'aux yeux des hommes. Huit ans ne s'étaient pas écoulés, depuis qu'elle avait posé pour notre buste du Louvre, peut-être pas un an depuis le portrait du Pitti, qu'il fallait désormais se reporter à ces images pour aviver son souvenir. Au premier jour de l'année 1497, elle était calme, elle semblait heureuse, elle attendait un nouvel enfant. Le lundi 2 janvier, après une journée remplie comme de coutume, elle alla prier à Sainte-Marie-des-Grâces, sur la tombe de la jeune Bianca Sforza de San Severino, morte récemment. On dit que, ce jour-là, elle demeura longtemps abîmée dans sa douleur et dans son souvenir. Sans doute, regarda-t-elle, un instant, ce que peignait à ce moment, dans la chapelle, Léonard de Vinci, et sa mélancolie s'accrut-elle de cette vision :

---

1. Voir *les Masques et les Visages à Florence et au Louvre. Isabelle d'Este et ses allégories.*

une longue table où un maître a groupé ses amis, ses
disciples pour le repas pascal, et leur dit des paroles
douces, mais étranges, qui ressemblent à des adieux.
Ce que nous ne voyons plus aujourd'hui que comme un
fantôme qui va s'évanouir, elle le vit alors comme une
apparition qui naît. On raconte qu'elle ne pouvait se
résoudre à partir. Elle avait aimé tendrement cette fille
de son mari, mariée au beau Galeazzo de San Severino
et disparue en quelques jours, à quatorze ans. Il fallut
l'arracher à sa rêverie. Elle revint au Castello, en voiture, paisiblement. Le soir, on dansait dans ses appartements, à la Rocchetta, lorsque, à huit heures, elle se
trouva prise des douleurs de l'enfantement ; trois heures
après, elle accouchait d'un enfant mort, et au bout de
quelques minutes, elle expirait.

C'est seulement deux siècles plus tard, et à propos
d'une autre princesse, que devait être dignement dépeinte
l'horreur d'une telle nuit, l'affolement de toute une
cour brillante, en costumes de bal, la panique dans un
palais immense peuplé de courtisans. Des contemporains racontent que, cette même nuit, des signes enflammés parurent dans le ciel de la Lombardie et qu'un mur
même du jardin de Béatrice s'écroula subitement. Un
écroulement bien plus tragique devait bientôt suivre :
la chute de Ludovic le More. Il semble qu'il en eut,
tout de suite, le pressentiment, tant ce coup l'accabla.
Quelques heures après, il écrivait à son beau-frère le
marquis de Mantoue :

Très illustre allié et très cher frère, ma femme a été prise de
douleurs soudaines, hier au soir, à huit heures. A onze heures,
elle a donné naissance à un enfant mort, et à minuit et demi, elle
a rendu son âme à Dieu. Cette fin cruelle et prématurée m'a
rempli d'une consternation tellement amère et indescriptible que
j'eusse mieux aimé mourir moi-même que perdre ce que j'avais
de plus cher et de plus précieux au monde ; mais dans cette

grande et excessive douleur que je ressens au delà de toute
mesure, et en songeant ce que la vôtre sera, je sens que je dois
vous la dire moi-même, à cause de l'amitié fraternelle qui est entre
nous. Et je vous prie de ne m'envoyer personne pour m'offrir des
consolations, cela ne pouvant que renouveler ma douleur. Je n'ai
pas voulu écrire à la marquise, et je vous laisse le soin de lui
donner les nouvelles comme vous le jugerez le mieux, sachant à
quel point sa douleur dépassera toute expression. *Lodovicus.
M. Sfortia, Anglus, dux Mediolani*, Milan, 3 janvier 1497, 6 heures.

Ce fut un deuil public. Costabili mandait, de Milan,
au duc Ercole d'Este :

Très illustre et excellent Seigneur. Quoique j'aie reçu un mes-
sager, m'enjoignant de ne pas quitter la maison avant la soirée,
comme personne de votre auguste famille ne pouvait être présent
aux funérailles de notre très illustre Mme feue la duchesse, à
4 heures, le duc envoya deux conseillers pour me prendre et,
accompagné par ces gentilshommes, j'allai à la Camera della
Torre, au Castello, où je trouvai tous les ambassadeurs, les conseillers du duc, et un grand nombre de gentilshommes assemblés.
Dès mon arrivée, Son Excellence m'envoya chercher et je la
trouvai sur son lit, tout à fait abattue et plus bouleversée par
son chagrin que je n'ai jamais vu personne. Après les salutations
habituelles, je tentai, pour obéir à la requête de quelques-uns de
ses conseillers, de l'exhorter à reprendre un peu de courage et
de patience, essayant de toutes les expressions qui me venaient
à l'esprit en ce moment et lui conseillant de supporter ce coup
cruel avec constance, parce que, de cette sorte, il donnerait courage à votre Excellence et vous aiderait à supporter votre peine
et, en même temps, calmerait les angoisses de ses propres serviteurs et rendrait l'espoir et la paix à leur cœur.

Le duc me remercia pour ma bonté et me dit qu' « il ne pouvait
supporter une si cruelle douleur sans donner libre cours aux
sentiments de son cœur et qu'il m'avait envoyé chercher afin de
me dire que si, comme il en avait conscience, il ne s'était pas toujours conduit aussi bien qu'il l'aurait dû envers votre fille, laquelle
méritait tous les bonheurs du monde et ne lui avait jamais causé,
à lui, nulle peine quelle qu'elle fût, il implorait à la fois le pardon
de Votre Excellence et le sien à elle, pour qui son cœur était
maintenant brisé. » Il continua en me disant que « dans chacune
de ses prières, il avait demandé à Notre Seigneur Dieu de faire
que la duchesse lui survécût, parce qu'il plaçait en elle la confiance et la paix de son âme. Et puisque telle n'avait pas été la

volonté de Dieu, il priait et ne cesserait jamais de prier que, s'il était jamais possible pour un vivant de voir les morts, Dieu voulut lui faire la grâce de la voir et de lui parler une seule fois encore, parce qu'il l'avait aimée plus que soi-même. »

Après beaucoup de cris et de lamentations, il finit par me prier d'assurer Votre Excellence que l'amour et l'affection qu'il vous porte ne seraient jamais diminués si peu que ce soit et qu'il garderait les mêmes sentiments envers vous et envers tous vos fils, tant qu'il vivrait, en prouvant par ses actions la profondeur et la fidélité de ses pensées. Alors, je pris congé et il me dit de suivre le corps, avec une nouvelle explosion de douleur, se lamentant en des termes si vrais et si naturels que les pierres même en auraient été émues. Ainsi, toujours pleurant, je revins rejoindre les autres ambassadeurs qui tous s'approchèrent et exprimèrent leur douleur et leur sympathie pour Votre Excellence en termes pleins de chaleur et de compassion.

Les obsèques qui suivirent furent célébrées avec toute la pompe et la magnificence possibles. Tous les ambassadeurs présents à Milan, parmi lesquels celui du roi des Romains, deux du roi d'Espagne et d'autres de toutes les puissances d'Italie, levèrent le corps et le portèrent jusqu'à la première porte du Castello. Là, les conseillers privés prirent le corps à leur tour et, au coin des rues, des groupes de magistrats attendaient pour le recevoir. Tous les parents de la famille ducale portaient de longs manteaux de deuil qui traînaient à terre et des capuchons. Je marchais le premier avec le marquis Ermès et les autres suivaient, chacun à son rang. Nous la portâmes à Santa Maria delle Grazie, accompagnés d'une suite innombrable de moines, de nonnes et de prêtres, qui portaient des croix d'or, d'argent ou de bois ; un nombre infini de gentilshommes et de bourgeois et de gens du peuple, une foule de tout rang et de toute classe, tous pleurant et faisant les plus grandes lamentations qu'on puisse entendre pour la grande perte que la mort de la duchesse faisait éprouver à cette cité. Il y avait tant de torches de cire que c'était magnifique à voir ! Aux portes de Santa Maria delle Grazie, les ambassadeurs attendaient pour recevoir le corps et, le prenant des mains des principaux magistrats, ils le portèrent sur les marches du grand autel, où le très révérend Cardinal Légat siégeait dans sa robe de pourpre entre deux évêques et où il dit lui-même l'office tout entier et, là, la duchesse fut placée dans une bière drapée d'un drap d'or, portant les armes des Sforza et elle était vêtue d'une de ses plus riches *camoras* de brocart d'or.

Mon cher Seigneur, outre les démonstrations extraordinaires de douleur auxquelles s'est livré le peuple tout entier de cette ville et les femmes tout autant que les hommes, ce qui peut être

Pl. 4, p. 63

TOMBEAU DE LUDOVIC LE MORE ET DE BÉATRICE D'ESTE.

par CRISTOFORO SOLARI dit LE GOBBO.

(Chartreuse de Pavie.)

une grande consolation pour Votre Excellence, je dois vous dire
combien au-dessus de tous les autres le seigneur Messer Galeazzo
de San Severino a témoigné d'une façon admirable, à la fois par
ses paroles et par ses actes, aussi bien que par ses démonstrations
de douleur, de l'affection qu'il avait pour la duchesse[1] et a fait en
sorte que tout le monde connût les vertus et la bonté de cette très
illustre madame, toutes choses que j'ai cru de mon devoir de dire
à Votre Excellence, dans l'espoir que cela pourrait un peu alléger
votre douleur ; vous priant de conserver le même courage que
vous avez toujours montré jusqu'ici. Le serviteur de votre Excellence, Antonius Costabilis.

Nous démêlons, maintenant, le grand trait caracté-
ristique dans la destinée de Béatrice. C'est une éphémère.
Elle saute, à pieds joints, de l'enfance dans le mariage,
dans le gouvernement, sur le trône d'une des plus puis-
santes cités du globe et va son train, sans la moindre
hésitation. La veille, elle parlait à ses poupées ; le lendemain, elle fait des discours au Doge, aux ambassadeurs, au roi de France. Elle ne s'embarrasse de rien,
n'a peur de rien, résout toutes les difficultés en passant
par-dessus, comme les obstacles quand elle court le cerf
dans les bois de Vigevano. Mariage, voyages, entrées
triomphales dans les villes, réceptions de rois et de l'Empereur, couronnement, naissances d'enfants, ambas-
sades : — tout cela se presse, se précipite, passe devant

1. On est un peu surpris de voir l'envoyé du Duc de Ferrare faire à son
maître mention spéciale de cette douleur. Elle va de soi, semble-t-il. Y
avait-il donc quelque raison d'en douter ? On est ainsi induit, en lisant
cette lettre, à 400 ans de distance, à soupçonner qu'il courait alors de mé-
chants bruits, qu'il était nécessaire de démentir. L'examen des documents
confirme cette impression. Si invraisemblable que cela parût, on parlait
d'un empoisonnement de la Duchesse par une certaine Francesca del Verme,
agissant sous les ordres de Galeazzo. Mais tout dément cette hypothèse.
Il n'est nullement nécessaire d'évoquer l'idée du poison pour expliquer la
mort soudaine de Béatrice, qui fut celle de tant de jeunes femmes, à cette
époque en Italie. On ne connaît à Galeazzo aucun grief contre la
duchesse. Enfin, le More, qui regretta si profondément sa femme et qui
possédait mille moyens de subtiles investigations, ne crut nullement à un
empoisonnement. Loin de témoigner le moindre éloignement vis-à-vis de
Galeazzo, il le combla de ses faveurs.

les spectateurs béants de surprise comme une chasse infernale. Un éclat de rire, les foulées d'un galop sonore, un bruissement de robe, un tintement de grelots, l'aboiement des chiens et l'appel du cor, puis le silence, le grand silence qui suit la chute dans l'éternité. C'est fini. Elle n'a pas vingt-deux ans.

Son palais lui-même, cet immense Castello fait de châteaux emboîtés les uns dans les autres, comme un jeu chinois, semble un décor dressé pour une fête d'un jour. Il est tout neuf quand elle l'habite : dès qu'elle le quitte, il commence à tomber pièce à pièce. Les machinistes emportent un jour les trésors, un autre jour les portants et les praticables. On l'assiège, on le bombarde, on le pille. Ce n'était qu'un simulacre de forteresse, faut-il croire, et sans doute les dix-huit cents canons qui le gardaient étaient seulement figurés sur les murs, car jamais cela ne résiste à l'injonction d'un nouvel arrivant ! Siècle par siècle, on le vide de son contenu. Un jour, la porte centrale s'écroule, un autre jour, une tour, — jusqu'à ce qu'enfin la toile de fond s'abaisse et tombe au signe que fait le plus grand machiniste des temps modernes, à son retour de Marengo. Et aujourd'hui, bien que tout soit rebâti et à l'exacte ressemblance du passé, il serait aussi vain de chercher les murs témoins de Béatrice d'Este au Castello de Milan que, sur le Champ-de-Mars ou aux Invalides, les villages prestigieux et éphémères, où une figure de femme s'est profilée en 1889 ou 1900.

CHAPITRE III

UN FÉTICHE

Quant à Ludovic le More, la perte de Béatrice devait le laisser inconsolable. Il erra désormais dans le Castello comme une âme en peine, déplorant son malheur, pressentant d'autres malheurs, écoutant croître le pas sourd de la fatalité, redemandant sans cesse à tous les échos de l'immense palais ce qu'il avait perdu.

Qu'avait-il donc perdu ? Une femme, — non, un fétiche. Son désespoir n'était pas feint : il était vraiment accablé par ce coup inattendu ; il sentait un grand vide devant lui, un abîme béant, noir, où tout allait sombrer. On le vit changer de jour en jour et rendre à la mémoire de la morte un véritable culte. Sa chambre, tendue de noir, devint la *Camera nigra*. Il ôta, de l'anneau qu'il portait au doigt, la figure d'empereur romain qui l'ornait pour la remplacer par celle de Béatrice. Il apporta un soin passionné à l'édification de son tombeau, dans la *Cappella Maggiore* de Sainte-Marie-des-Grâces, recueilli aujourd'hui à la Chartreuse de Pavie. Le meilleur sculpteur qu'il eût sous la main, Cristoforo Solari, dit le *Gobbo*, les plus beaux blocs de carrare, les plus doctes humanistes furent mis à contribution pour le travail, la matière, les inscriptions. Il voulut que la duchesse fût représentée, morte, comme elle avait aimé à paraître dans la vie, avec une triomphante toilette. Lui-même, il se fit sculpter, en *gisant*, étendu à son côté, comme si la Mort, en la prenant, lui avait ôté, à lui aussi, toute raison de vivre. Enfin, chose plus étrange, il vécut dévotement et chastement depuis ce jour jusqu'à sa mort.

Mais ce désespoir n'était pas né de son amour. Il n'avait pas aimé sa fiancée : il était alors passionnément attaché à la Gallerani. Il n'avait pas été fidèle à sa femme : cinq ans après son mariage, deux mois encore avant qu'elle mourût, un Ferrarais écrivait : « Les dernières nouvelles de Milan sont que le duc dépense tout son temps et prend tout son plaisir dans la compagnie d'une dame d'honneur de sa femme et, ici, on voit cette conduite désapprouvée. » Il s'agissait de la Crivelli, modèle présumé de la *Belle Ferronnière*. Mais il sentait obscurément que Béatrice avait joué dans sa vie un rôle que nulle autre ne pouvait tenir : celui de porte-bonheur. Elle était ce qu'il pressait toujours ses astrologues de lui découvrir dans le ciel : l'astre favorable. Ce qui s'accomplissait en sa présence était toujours heureux ; aussi voulait-il qu'elle fût toujours là. Elle ne le quitte pas dans les cérémonies les plus fatigantes, même pendant ses grossesses, comme le remarque l'envoyé de Venise. Elle est là quand il discute avec les ambassadeurs français, au moment le plus grave. Il ne se sépare d'elle que pour l'envoyer à l'entreprise difficile de Venise, où elle lui porte bonheur et réussit mieux qu'il ne ferait lui-même.

En effet, regardons-la : elle a tout d'un fétiche, l'apparence banale et gaie, l'insouciance, la frivolité. Elle se porte chance à elle-même. Son bonheur au jeu est proverbial : elle gagne toujours. Elle est heureuse à la chasse, brave impunément le danger, y échappe dans un éclat de rire. Presque tous les hommes qui ont fait une ascension inespérée, en échappant à de nombreux dangers, croient à leur étoile : c'était une des faiblesses particulières à Ludovic le More. Il était naturel que cette étoile lui parût s'identifier avec sa femme. Il avait cheminé vers le pouvoir sans elle, mais c'était d'elle que datait son élévation au sommet, sa main mise sur toute l'Italie, son prestige inouï en Europe. Coïncidence, rapport mystérieux de cause à effet, hasard peut-être, le fait est constant. Depuis la mort de son frère, le duc de Milan, en 1476, jusqu'à son mariage avec Béatrice, en 1491, il avait gravi, malgré mille traverses et beaucoup d'échecs, les divers degrés qui le séparaient du trône. Mais c'est seulement à partir du 17 janvier 1491, c'est-à-dire de son mariage, que la courbe de sa destinée s'élève brusquement.

Tout d'un coup, la jeune femme prend le pas sur sa cousine Isabelle d'Aragon, devenue sa nièce, la duchesse de Milan. Elle groupe autour d'elle une cour brillante et cosmopolite qui éclipse toutes les autres. Presque tous les États d'Italie traitent avec le More comme avec le maître de la Lombardie. Son prestige grandit tellement, qu'en 1493, il peut marier sa nièce, Bianca-Maria Sforza, avec l'empereur Maximilien, et il en reçoit secrètement l'investiture éventuelle du duché. En 1494, il réussit une entreprise beaucoup plus difficile encore : il s'allie avec le roi de France et lui persuade de descendre en Italie. Justement, le 20 octobre, son neveu vient à mourir, laissant une veuve trop jeune et un enfant dans un âge trop tendre pour que le pouvoir puisse leur être attribué. Le More se fait donc adjuger le trône et, le 16 mai 1495, il en reçoit publiquement l'investiture de l'Empereur. Celui-ci lui fait même un honneur bien rarement accordé aux potentats d'Italie : il vient le voir à Vigevano et consent à être le parrain de son fils aîné, lequel change de nom et, d'Ercole, devient Massimiliano.

Dès lors, c'est l'apothéose. L'amitié de ce grand souverain humaniste, légendaire figure de la Renaissance, achève de le griser. « Je suis l'enfant de la Fortune », dit-il. « Tout ce que cet homme tente réussit et tout ce dont il rêve pendant la nuit se réalise le jour », s'écrie un contemporain, qui ajoute : « En vérité, il est estimé et respecté dans le monde entier et considéré comme l'homme le plus sage et le plus heureux de toute l'Italie, et tout le monde le craint, car la fortune le favorise en tout ce qu'il entreprend. »

Les poètes renchérissaient encore sur les diplomates. Visconti lui écrivait :

> *A te, mio Duca celebrando Moro,*
> *Non mai manca desio di eterna fama*
> *Da poi che vachi al gubernal lavoro*
> *De tutta Europa che ti onora e ama.*

On célébrait, en lui, l'homme qui ramenait l'âge d'or, qui serait un César dans la guerre et un Auguste dans la paix, plus doux et plus juste que Titus et Trajan, avec les richesses de Crésus. Tout habituelle et pour ainsi dire obligatoire que fût, à cette époque, l'exagération hyperbolique des éloges dus à un prince, ceux-ci dépassaient de beaucoup la commune mesure. Le Pistoia, par exemple, allait jusqu'à lui dire :

> *Ben puoi dir, Signor mio, ho nelle mani*
> *il cielo e'l mundo tutto sotto il manto.*

pensée qui fut reprise plus tard par l'auteur inconnu du *Lamento,* lorsqu'il faisait chanter au More, dans sa prison, en se souvenant de ces temps heureux :

> *Io dicevo che un sol Dio*
> *Era in cielo et un Moro in terra*
> *E secondo il mio desio*
> *Io facevo pace et guerra.*

Telle était encore la fortune du More, le 2 janvier 1497.

Trois ans après, qu'était-elle devenue ? Si nous voulons mesurer la profondeur de sa chute, lisons la lettre que l'ambassadeur de Venise, Trévisan, écrivait, de Lyon, à la Seigneurie :

Lyon, le 2 mai 1500, au soir.

Aujourd'hui, avant deux heures, le seigneur Ludovic a été amené dans la ville. Tel était l'ordre du cortège : d'abord, venaient douze officiers de la garde de la cité, pour empêcher la foule qui emplissait les rues de pousser des cris. Ensuite, venaient le gouverneur de Lyon et le prévôt de justice, à cheval, et ensuite ledit seigneur Ludovic, vêtu d'une veste de camelot noir avec un haut-de-chausses noir, des bottes de cheval et une barrette de toile noire qu'il tint le plus souvent à la main. Il regardait autour de lui, comme s'il était décidé à ne rien montrer de ses sentiments dans cette catastrophe de sa fortune; mais il était très pâle et paraissait très malade, quoiqu'il eût été rasé le matin, et ses bras tremblaient, et il était secoué tout entier. Tout de suite après lui, chevauchait le capitaine des archers du Roi, suivi d'une centaine de ses hommes.

Dans cet ordre, ils le menèrent à travers toute la ville jusqu'au château, sur la colline, où il sera bien gardé durant la semaine suivante, jusqu'à ce que la cage soit prête, laquelle sera sa demeure nuit et jour. La cage, à ce que j'ai entendu dire, est très forte et faite de fer pris dans du bois, en sorte que les barreaux de fer, au lieu de pouvoir être sciés par une lime ou tout autre instrument, jetteraient des étincelles de feu. Je ne dois pas oublier de vous dire une chose. L'ambassadeur d'Espagne et moi étions à une fenêtre, ensemble, lorsque le seigneur Ludovic a passé, et, quand l'Espagnol lui fut montré, il ôta sa barrette et salua. En apprenant que j'étais l'ambassadeur de Votre Altesse Sérénissime, il s'arrêta et sembla se disposer à parler. Mais je ne bougeai pas, et le capitaine des archers, qui chevauchait près de lui, lui dit : « Marchons ! Marchons ! » Plus tard, le capitaine raconta cela au Roi, lequel me dit : « Avez-vous l'impression qu'il ait refusé de vous saluer ? » ajoutant que des hommes comme celui-là, qui ne tiennent pas leur parole, ne valent rien, etc. Et je répondis que j'aurais ressenti plus de honte que d'honneur si j'avais reçu aucun signe de courtoisie d'un être de cette espèce.

Le Roi était dans son palais et avait vu passer le seigneur Ludovic et, avec lui, étaient nombre de seigneurs et gentilshommes qui parlaient beaucoup du More. Sa Majesté Très Chrétienne dit qu'elle avait décidé de ne pas l'envoyer à Loches, comme elle en avait eu l'intention, parce qu'à certaines saisons de l'année elle y va elle-même avec sa cour pour s'y divertir et préférait ne pas y être avec lui, ne comptant pas le voir. Aussi, a-t-elle décidé de l'envoyer à Lys-en-Berri, à deux lieues de Bourges, où le Roi a un château très fort avec des fossés plus larges que ceux du Castello de Milan, pleins d'eau. Cette place est au centre de la France, sous la garde d'un gentilhomme qui était capitaine des archers lorsque Sa Majesté était duc d'Orléans, et il a une troupe de gardes éprouvés qui ont été formés par le Roi lui-même. Lorsque le More est descendu de la mule qu'il montait, il a été transféré dans le château, et il est, m'a-t-on dit, si faible qu'il ne peut pas gravir une marche sans aide. Par là, je juge que ses jours sont comptés. Je me recommande humblement à Votre Altesse Sérénissime. — BENEDICTUS TREVISANUS, *eques, orator.*

Que s'est-il donc passé entre ces deux dates ?

La mort de Béatrice d'Este.

Dès qu'elle n'est plus là, des signes d'impopularité se manifestent. Les alliances se dénouent ; les souverains s'éloignent un à un. Par une fatalité qu'il ne s'explique pas, le More voit échouer toutes ses intrigues. Ses agents, qui en nouaient si bien les fils, jusque-là, trouvent portes et bouches closes. En avril 1498, il apprend la mort de Charles VIII et l'avènement au trône de France de son mortel ennemi, le duc d'Orléans. Dès lors, la courbe de sa destinée tombe précipitamment. Rome l'abandonne pour les Français, Venise aussi ; les petits États, sur la frontière du Piémont, n'osent plus le soutenir. Ferrare, même, malgré la sympathie de son beau-père, est neutre. Mantoue, malgré les efforts désespérés d'Isabelle d'Este, devient hostile. Un vent glacial, un vent de trahison, passe sur toute l'Italie. Bientôt, il ne peut plus compter que sur des États faibles eux-mêmes et menacés : Naples, Forli, Bologne, c'est-à-dire sur rien. Il n'a plus que des alliés lointains, très lointains : le grand Turc, — ce qui est ridicule, — et l'empereur Maximilien, — ce qui est

purement honorifique. Sur ces entrefaites, le nouveau
roi de France, Louis XII, passe les Alpes et approche
avec trente mille hommes, masse énorme de combattants
pour cette époque, commandés par un renégat milanais,
ennemi personnel du More, par Trivulce. Les forteresses
des Sforza tombent, l'une après l'autre. La trahison se
glisse dans les villes. Pavie ferme ses portes à l'armée
ducale. A Milan, même, le vœu secret de la foule appelle
les Français. Un des fidèles du More, le trésorier Landriano, est assassiné par le peuple en pleine rue. Louis XII
peut venir : il trouvera autant de partisans dans la ville
qu'au dehors.

Reste le Castello, imprenable à moins d'un long, d'un
très long siège. Tandis que les Français y auront les
dents, Ludovic espère trouver des secours en Allemagne.
Il part secrètement pour le Tyrol, confiant la citadelle,
le dernier réduit de la puissance Sforzesque, à un ami
éprouvé, à Bernardino da Corte. Bernardino da Corte
jure de la défendre jusqu'au dernier soupir. Mais onze
jours ne se sont pas écoulés qu'il la livre à Louis XII.
Le roi de France n'en croit pas ses yeux, lorsqu'il y entre
et qu'il voit avec quel art suprême le More avait amé-
nagé cette forteresse. Tout avait été prévu pour supporter un long siège, jusqu'à un système de signaux pour
communiquer, jour et nuit, avec le dehors. Ludovic,
non plus, ne peut croire ce qu'il lit, quand il reçoit la
fatale nouvelle : il demeure frappé de stupeur et, pendant un long temps, d'aphasie. « Depuis Judas, finit-il
par articuler, il n'y a pas eu un plus grand traître que
Bernardino da Corte ! »

Quelques mois après, lorsque, dans un suprême effort,
il tente de reconquérir son duché, à la tête de troupes
levées en Suisse, il a un instant l'illusion d'un retour de
fortune. Il rentre à Milan, et la populace, déjà dégoûtée

des Français, l'acclame, mais c'est pour peu de temps.
Cet été de la Saint-Martin ne dure que trente jours. Une
nouvelle armée française, sous les ordres de la Trémoïlle,
débouche en Lombardie. Le More tente de lutter à
Novare : tout l'abandonne. Les Suisses, tout à coup,
refusent de se battre contre leurs compatriotes à la
solde du roi de France. Trahi par ses mercenaires, comme
il l'a été par son ami, il tâche au moins de sauver sa
personne. Déguisé en soldat suisse, il va s'échapper,
quitter Novare mêlé aux troupes qu'on licencie, mais
voici qu'au dernier moment, sa belle mine le fait reconnaître par un homme des Grisons, un certain Turmann.
Il est dénoncé et livré aux Français. Dès lors, son rôle
est fini et un douloureux martyre commence, qui ne
finira qu'à sa mort.

Martyre surtout moral, qui était de ressasser indéfiniment le bonheur perdu. La cage de fer, décrite par
Trévisan, paraît bien n'avoir été qu'une légende. La
captivité, pendant quatre ans en Berry, puis, pendant
quatre autres années à Loches, si dure fût-elle, ne
dépassa pas, ni même n'atteignit les supplices infligés
d'ordinaire, en ce temps-là, aux prisonniers d'État.
C'était une mesure de précaution imposée par la politique du nouveau maître de Milan contre un adversaire encore populaire, allié de l'Empereur, et secrètement soutenu par les religieux. Elle était cruelle. Mais
Louis XII, tout en lui refusant obstinément la liberté,
ne manquait pas absolument d'humanité envers son
prisonnier : il lui envoyait son médecin, lui permettait
de recevoir des lettres et même, un jour, il fit chercher
à Milan un de ses nains, pour venir le distraire. Lorsqu'il
fut transféré à Loches, le More dut souffrir encore moins.
Le cachot qu'on y montre encore, comme son séjour
habituel, c'est-à-dire un sombre réduit creusé dans le

roc, n'a dû être habité que peu de temps. Il lui a, sans doute, été imposé après une malheureuse tentative d'évasion, qui rendit la surveillance plus étroite, fort peu de temps avant sa mort.

Le vrai supplice, le martyre sans cesse renaissant, pendant ces huit années de détention, ce n'était pas la souffrance physique : c'était le contraste douloureux des jours présents et des jours passés. Parmi les inscriptions qu'il s'amusait à tracer au pinceau, en lettres rouges et bleues, sur les parois de son cachot, pour tromper l'ennui de sa longue captivité, on a relevé celle-ci :

Celui qui ne craint fortune n'est pas bien saige,

et cette autre inspirée des vers fameux du Dante :

Il n'y a au monde plus grande destresse
Du bon temps soi souvenir en la tristesse.

Et, pas plus que de la prison, il ne pouvait s'évader de ses souvenirs...

Un autre supplice, plus subtil, mais aussi intolérable pour cet esprit philosophique, était de ne pouvoir arriver à démêler les raisons de sa chute. Selon le témoignage du serviteur fidèle qui, pour ne pas le quitter, voulut s'enterrer vivant dans son cachot, il revenait constamment sur cette idée. Son incomparable malheur était, sans doute, une punition de Dieu, disait-il, car, « seule, la puissance du Destin avait pu déjouer à ce point les conseils de la sagesse humaine ».

Aujourd'hui, avec une vue perspective de quatre siècles, et une foule de documents qu'il ne pouvait connaître, c'est encore l'opinion qui nous paraît la plus raisonnable. Plus on examine la destinée du More, son ascension prodigieuse, sa chute profonde, moins on en comprend les raisons. Machiavel, qui avait assisté à tous ces événements et qui ne passe pas pour un esprit dénué de pénétration, dit quelque part : « Il n'est pas rare aujourd'hui de voir des princes tombés d'un état prospère dans l'infortune, sans qu'on puisse attribuer leur disgrâce à un changement dans leur conduite ou dans leur caractère. » Et quoiqu'il ne spécifie pas qu'il parle, ici, de Ludovic le More, son propos s'y ajuste si bien qu'il n'est guère possible qu'il n'y ait point pensé.

Sans doute, le More avait des défauts, des faiblesses, des inconséquences qui, en des temps si difficiles, pouvaient entraîner une catastrophe. Il est plusieurs de ces défauts de conduite ou de caractère qui sautent aux yeux. Par exemple, on voit bien qu'il fut d'une imprudence folle en appelant les Français en Italie. Pour juger de sa naïve suffisance, il suffit de lire la lettre écrite à son frère, le cardinal Ascanio Sforza, au moment même où se prépare l'expédition de Charles VIII :

Il y aurait de grandes difficultés à empêcher la venue des Français, dit-il, et quand même il n'y en aurait pas, je vous avoue que je crois nécessaire de les faire venir, non que je désire, que je cherche la ruine du roi Alphonse (Alphonse d'Aragon, roi de Naples) pour lequel j'ai de bons sentiments, ainsi que vous le verrez bientôt; mais je veux le faire descendre à un point tel que cette grandeur immodérée où nous l'avons porté ne lui fasse plus oublier, comme jadis son père l'a oublié pour son propre compte, qu'il doit se conduire en égal et non en supérieur envers les autres potentats italiens et surtout envers nous. Pour cela, il faut lui donner assez à penser à ses propres affaires pour qu'il n'étende pas la main vers celles d'autrui. *Il faut donc que les Français descendent en Italie.*

Mais, pour que les résultats de leur venue ne dépassent pas nos besoins et n'aboutissent pas à la ruine complète du roi de Naples, j'ai entrepris ce que vous savez, c'est-à-dire que le roi des Romains (Maximilien, empereur d'Allemagne) passe également les Alpes. Un tel contrepoids empêchera les Français de s'emporter jusqu'à se faire plus grands qu'ils ne sont déjà. Ce prince ne se soucie pas plus que nous de voir les Français plus puissants. Il est notre allié par son mariage, il tient fort à recouvrer dans les affaires

d'Italie la supériorité qui revient de droit à l'Empire. *Il sera donc
facile de mettre un terme aux progrès des Français...*

C'est un peu un homme qui met le feu à une ville pour
cuire sa soupe. L'écroulement a gagné de proche en
proche, — et sa marmite a été renversée. Il y avait justement, parmi les symboles ou *imprese* des Sforza, un
dessin représentant des tisons enflammés et des seaux
suspendus à ces tisons. Le More justifia la moitié de cet
emblème : il sut très bien enflammer les tisons, mais quand
il fallut les éteindre, ce fut autre chose. On ne peut,
d'ailleurs, imaginer un pire endroit pour tenter de telles
expériences. Milan, placé au milieu de la plus riche
plaine du monde et de la plus ouverte, au carrefour
même des invasions, était le pôle magnétique de toutes
les convoitises, la Mecque de tous les pillards de l'Europe, épiant, derrière le cirque dentelé de leurs montagnes, le moment favorable à quelque coup de main.
Ajoutez que le trésor des Sforza, enfermé à la Rocchetta,
passait pour le plus opulent qui fût et brillait aux imaginations lointaines, comme un phare. Avec cela, le
More avait l'imprudence d'attiser ces convoitises. Il
admettait volontiers à la visite de ce trésor les ambassadeurs et les principales dames de la ville. Après l'une
de ces excursions, l'ambassadeur de Ferrare écrivait à
son gouvernement :

Dans la Chambre de l'Argent, il y avait, sur des tapis, longs de
seize brasses et larges de trois brasses, à terre, une grande
quantité de boisseaux de ducats, en toutes sortes de pièces valant
ou trois ou dix, ou vingt-cinq ducats chacune, qui furent estimés
au total comme s'élevant à six cent cinquante ou huit cent mille
ducats. Puis, il y avait des tables longues, sur lesquelles étaient
exposés les bijoux, chaînes et colliers d'or de leurs Altesses, qui
étaient une chose belle et précieuse à voir. Il y avait soixante-six
sancti d'argent le long des murs de cette chambre, tout autour,
avec trois ou quatre belles croix, chargées de pierreries. Puis,

l'Annonciation et le Couronnement de Notre-Dame avec grand ornement d'anges et d'autres saints, ce qui n'était pas la moindre belle chose des susdites. Il y avait enfin à terre, dans un coin de la salle, tant de monnaies d'argent, en tas qu'un chevreuil ne le sauterait pas, et de toutes sortes de monnaies. Il y avait aussi des candélabres d'argent, de la taille d'un homme ou peu s'en faut. Ensuite, fut ouvert le lieu où l'on tient les grosses pièces d'argent... Le tout fut estimé un million cinq cent mille ducats.

En valeur actuelle, environ soixante-cinq millions de francs. — Cette naïve ostentation nous découvre une autre des faiblesses du More, et qui lui furent les plus fatales : sa trop grande confiance en l'argent. Il est vrai que l'argent avait été le principal artisan de sa fortune. Il avait acheté l'investiture impériale du duché de Milan ; il avait acheté l'investiture de Gênes ; il a acheté les Suisses. Mais quand il s'est trouvé en présence de gens qui n'étaient pas à vendre, soit, d'aventure, parce qu'ils étaient honnêtes, soit plutôt parce qu'ils étaient plus ambitieux que cupides, il est resté sot. Et comme il avait imprudemment décelé ses richesses, il a vu fondre sur lui, d'autant plus rapaces, les besogneux, les aigrefins et les faméliques, qui se jugèrent bien naïfs de se contenter d'un petit tribut, dès qu'ils entrevirent la chance de prendre tout. L'argent est une bonne arme, mais dont il faut se servir et non pas menacer, car il fait envie au lieu de faire peur et attire l'agresseur bien plus qu'il ne le tient en respect.

Pour vivre en sécurité au milieu de cette plaine milanaise, si accessible de tous côtés, il eût fallu ne faire envie à personne, ou faire peur à tout le monde : cacher soigneusement cette opulence ou avoir une forte armée nationale, manœuvrière, ne faisant qu'un avec son peuple et son chef, telle enfin qu'il la faut au jour du danger. Or, toute la politique du More était de se faire des alliances au lieu de se faire des armées et de compter sur des secours lointains et tardifs au lieu d'organiser, sur place, une défense immédiate. C'est à lui plus qu'à tout autre, évidemment, que s'applique la sentence de Machiavel : « Les alliances qui se font avec des Princes qui, à raison de la distance des lieux, peuvent difficilement nous secourir,... ont bien plus d'éclat que d'utilité véritable. » En même temps qu'il était un médiocre stratège, le More était un grand Mécène. La postérité l'en loue et s'en loue, mais les contemporains ne s'en souciaient guère et se lassaient d'y pourvoir. Pour subvenir à ses goûts de luxe et d'art, il pressurait tellement ses sujets qu'on finit par se demander, en Lombardie, si l'on avait grand avantage à vivre sous les Sforza plutôt que sous les Français.

Voilà bien des imprudences et l'on conçoit qu'elles aient, un jour, attiré la foudre sur son bonnet ducal. « Imprudence », pourtant, est un mot qui eût fort étonné ses contemporains, appliqué à ce vieux renard. A leurs yeux, c'était la prudence qui formait son trait dominant, les autres étant l'esprit et la courtoisie. Et, en effet, il possédait ces qualités à un haut degré, mais il avait, à un plus haut degré encore, un défaut qui les paralysait et les rendait inopérantes : la vanité. Sa « prudence », si louée de ses contemporains, doit s'entendre de son adresse à ourdir des intrigues et de son peu de goût pour le danger. « Bien souple quand il avait peur », dit de lui Commynes, qui l'a vu de près. On se racontait, sans en sourire, mais comme une preuve de sens, que lorsque la peste menaçait l'Italie, il faisait ouvrir par son secrétaire, Calco, les lettres qui venaient des pays contaminés. Le More était donc plus prudent qu'héroïque. Mais il était encore plus vaniteux que prudent, et, quand on suit, avec ce fil conducteur, le labyrinthe de sa politique, on s'aperçoit qu'il s'est découvert, plus d'une fois, par pure gloriole.

Un jour, il cède au plaisir de faire admirer son trésor par les ambassadeurs du roi de France : il énumère et évalue les monceaux de joyaux, allume leurs convoitises, puis il les renvoie avec des cadeaux qu'ils eussent peut-être trouvés suffisants s'ils n'en avaient pas tant vu, mais qui les déçoivent comme une conclusion médiocre à de si belles prémisses. Une autre fois, il ne se tient pas de dire que le roi de France lui a offert de lui donner Florence, et cela, au moment où il faut ne le dire point, afin de ne se point brouiller avec les Florentins. Lorsque l'empereur Maximilien vient le voir, la vanité qu'il en ressent est telle qu'il perd toute mesure. Sa mégalomanie, surtout verbale peut-être, s'épanche en formules blessantes pour tout le monde à la fois. Il dit volontiers : « J'ai le Pape pour chapelain, l'Empereur pour condottière, la Seigneurie de Venise pour intendant, et le roi de France pour courrier. » Il se fait représenter, sur les murs du Castello, auprès d'une figure allégorique de l'Italie : une femme dont la tête, les épaules et le manteau portent les principales villes de la Péninsule. Lui, le More, armé d'une balayette, la *scopetta*, symbole tiré de ses armoiries, la promène sur le manteau de l'Italie, pour en brosser la poussière. *Per Italia nettar d'ogni bruttura*, dit la légende. Enfin, il ne s'explique jamais clairement sur les limites de ses ambitions. Est-ce l'Italie du Nord qu'il convoite ? Est-ce toute l'Italie ? On ne sait. Il alarme ainsi un à un tous ses voisins et les détache de lui.

De même, sa vanité gâte sa courtoisie. Homme d'esprit, il n'échappe pas au principal défaut des gens d'esprit, qui est de le montrer. Quand Pierre de Médicis, qui s'est longtemps opposé à la venue de Charles VIII en Italie, se voit contraint de venir à résipiscence et arrive à sa cour, il dit à Ludovic : « Monsieur, je suis allé

au-devant de vous ; mais il faut que vous vous soyez
égaré, car j'ai eu le malheur de ne point vous rencontrer.
— Il est certain, répond Ludovic, que l'un de nous deux
s'est égaré, mais n'est-ce point vous ? » En lui faisant
sentir ainsi son tort de n'avoir point voulu suivre ses
conseils, il se vengeait du Médicis, mais, en même temps
il se l'aliénait bien gratuitement.

Ce n'est pas seulement trop d'esprit qu'il mettait dans
les affaires de l'État : il y mettait aussi trop de sentiment.
Il avait une vive affection pour le jeune Galeazzo de
San Severino, qui avait épousé sa fille naturelle Bianca.
Ce Galeazzo était un soldat héroïque, mais un détestable
général. En lui donnant la préférence sur Trivulce, le
meilleur tacticien du temps, le More se fit de ce dernier
un ennemi à la fois irréconciliable et avisé. Une seule
faute de ce poids contre-balance mille habiletés légères.
De même, son goût pour Isabelle d'Este l'emporta sur
le soin de ses intérêts, le jour où il accorda une confiance
excessive au marquis Gonzague, qui ne la méritait pas.

Par ces exemples et par bien d'autres, on voit que le
More ne fut pas l'homme d'État impeccable que ses
flatteurs louaient en lui. Mais tous ces défauts, dont il
fut toujours affligé et qui tenaient à sa nature même, ne
lui ont nui en rien tant que vécut Béatrice d'Este.
Pourquoi, dès qu'elle ne fut plus là, déchaînèrent-ils la
catastrophe ? C'est là qu'est le mystère et c'est pour
l'expliquer qu'on a recours à l'idée du « fétiche ». Cette
explication vaut peu, mais nulle autre ne vaut quelque
chose. Il suffit parfois d'un fil bien léger pour grouper,
en un faisceau résistant, les forces éparses de notre nature
et les circonstances multiples de notre fortune ; mais
quand ce fil vient à manquer, la gerbe des chances heureuses se dénoue et l'on se trouve, seul, les mains vides.

Une autre énigme, encore mal éclaircie par l'histoire,

c'est l'explosion de joie haineuse qui secoua toute l'Italie à la chute du More. Des courriers sillonnèrent la Péninsule, porteurs de dépêches enthousiastes. Rome, Venise, Naples et bien d'autres villes illuminèrent. A Venise, où nous avons vu comment on avait reçu Béatrice, la populace chantait :

> *Ora il Moro fa la danza*
> *Viva Marco e'l re di Franza !*

Du seul point de vue de l'intérêt, on ne peut l'expliquer, car si le More menaçait, la France était un ennemi bien plus redoutable. Du point de vue de la Justice et du Droit, ce n'est guère plus clair. Les sanglants griefs invoqués contre lui, c'est-à-dire l'usurpation du trône de Milan sur son neveu et l'appel à l'Étranger, pouvaient être des prétextes à la haine : ce n'étaient pas des raisons. Pour l'usurpation, en effet, il pouvait plaider non coupable. Les princes auxquels il avait ôté le pouvoir tenaient aux honneurs du pouvoir et à ses plaisirs, mais non à ses charges, ni à ses responsabilités. En gouvernant effectivement, sans les frustrer de leurs titres, il les déchargeait d'un fardeau plutôt qu'il ne les privait d'un office. Quant au prétendu assassinat de son neveu, Gian Galeazzo, qu'il aurait, disait-on, fait empoisonner pour lui succéder, on n'y croyait guère alors, non plus qu'on n'y peut croire aujourd'hui. Tout dément cette hypothèse. En tout cas, ce grief remontait déjà à six ans, lors de la chute du More. Pendant six ans, les rois étrangers et les potentats italiens lui avaient fait bon visage, et c'eût été d'un pharisaïsme bien osé, chez des gens vraiment épris du Droit, que de le tenir innocent de ce crime, tant qu'il demeura « l'Enfant de la Fortune », et de ne s'être avisés qu'il en était coupable que le jour où il fut malheureux. Là, encore, les raisons alléguées par ses ennemis ne sont que des prétextes.

Son crime vrai, son crime indéniable fut d'avoir appelé l'Étranger en Italie. Ce crime, qui était celui de tous les partis vaincus, alors, ou de tous les princes jaloux de leurs voisins, n'eût pourtant point paru pire que tant d'autres appels aux « Barbares », s'il n'avait eu des suites plus graves. Mais il lui arriva de déchaîner la plus grande invasion qui eût bouleversé la Péninsule depuis l'antiquité. On comprend donc l'animosité soulevée contre lui par cette imprudence. Seulement la forme que prit cette animosité demeure tout à fait inintelligible. Car le punir d'avoir appelé l'Étranger en Italie en livrant à ce même Étranger les villes qu'il ne possédait pas encore, protester contre l'invasion en acclamant l'envahisseur, voilà une politique si peu rationnelle, ou même raisonnable, qu'il faut bien en chercher la cause ailleurs que dans la raison !

Il faut la chercher dans un sentiment : la jalousie, l'énorme jalousie qu'avait excitée son insolente fortune. On ne savait à quoi attribuer le prodige d'un bonheur si constant. La chute du More était la fin d'un sortilège oppressant pour la raison et pour la critique. L'Italie était désensorcelée et, fût-ce par la main de l'Étranger, elle respirait plus à l'aise. Plus tard, on en jugea autrement. A la réflexion, il parut que l'Étranger, quels que fussent ses mérites, était insupportable, n'étant pas au même point de civilisation ; qu'on s'était montré bien dur pour un homme généralement doux aux autres, aux faibles, qui avait employé des moyens de civilisé plus que de barbare, qui avait devancé son temps dans bien des choses, et fait honneur à l'Italie.

Ludovic le More devint, alors, pour tout son siècle et pour toute l'Europe, le plus pitoyable exemple des vicissitudes humaines. De génération en génération et de pays en pays, on se passa son histoire, comme une légende. Sa captivité et sa mort, dignes d'un philosophe, lui mirent une ineffaçable auréole. Les poètes, en France comme en Italie, contèrent son infortune en des complaintes qui devinrent populaires. Enfin, à la longue, justice lui fut rendue.

Mais, dans les premiers temps, sa chute et sa misère n'en furent pas moins une joie pour presque tous les souverains. Jalousie, imprévoyance, ambition, tout cela est d'humanité courante et de peu de mystère. Ce qui est mystérieux, c'est que cette jalousie se soit déchaînée si tard... Là encore, on retrouve la coïncidence avec la disparition de Béatrice. Il semble que tant qu'elle fut là, l'envie fut désarmée : on pardonna tant de succès à tant de grâce, et l'insolente fortune parut moins insolente aussi longtemps qu'elle prit le masque d'une jeune femme, presque d'une enfant.

C'est donc, en définitive, devant ce masque enfantin et espiègle qu'il nous faut revenir, si nous voulons nous représenter, sous une forme sensible, la Fortune de Ludovic le More. C'est sous cette forme qu'elle dut lui apparaître, à chaque coup du sort, dans le cadre doré des beaux jours évanouis. C'est elle qu'il regardait fixement, le soir où il quitta Milan pour aller chercher du secours dans le Tyrol : on dit qu'il s'arrêta des heures devant le tombeau de Béatrice, à Sainte-Marie-des-Grâces. On ne pouvait l'arracher de sa rêverie. C'est elle qu'il revoyait au fond de ses souvenirs, lorsqu'il faisait, à Lyon, l'entrée pitoyable que décrit Trévisan. Et il est probable qu'il la revoyait alors toute jeune, telle qu'elle lui était apparue venant à lui pour la première fois, telle que la représente notre buste du Louvre. En le taillant dans le carrare, Cristoforo Romano faisait ainsi, sans le savoir, l'image d'un fétiche.

Sans le savoir davantage, le plus ignorant des visiteurs qui traverse la salle Michel-Ange, au Louvre, et
qui rencontre cette petite figure joufflue et délurée,
éprouve quelque chose qui n'est pas dans tous les bustes
du Musée, et qu'il n'a pas éprouvé devant ses myriades
de statues antiques : la présence d'une influence anima-
trice et d'un pouvoir secret. Et c'est pourquoi, sans doute,
voici que nous-mêmes, nous nous sommes arrêtés devant
elle si longtemps...

Si vous voulez revoir ce même buste, épaissi par l'âge,
renversé par la mort, encadré par les cheveux déroulés
et tombants, les yeux clos, prenez le train de Milan à
Pavie et descendez à la petite station qu'on appelle *la
Certosa*. C'est en pleine campagne, au cœur des riches
plaines lombardes, terres rougeâtres sillonnées par le
lacis bleu des veines d'eau. Rien, au premier coup d'œil,
ne paraît justifier un arrêt dans ce lieu désert : pas de
ville, pas de village, à peine une ou deux fermes. Quelques
enfants piétinent dans la boue rouge, un cheval ou un
âne passent... A peine si, dans le silence pesant des
champs et des vergers, une fauvette chante des airs
qu'elle chantait, déjà, du temps de Béatrice d'Este.
Pourtant, sur un léger renflement de terrain, quelque
chose de rouge et de noir commence à filtrer à travers
les rideaux d'arbres, que le printemps s'occupe à rapiécer
feuille à feuille. C'est la Chartreuse de Pavie.

Là-haut, couchée sur les dalles du transept, dort,
dans une atmosphère de calme, de lumière et de gloire,
le mystérieux prisonnier de Loches. Le marbre de son
tombeau, couleur de vieil ivoire, palpite doucement
aux appels de la lumière. Ses paupières baissées, comme
cousues aux joues par de longs cils de marbre, recouvrent
à jamais le grand rêve de sa vie : ce rêve confus d'un
royaume de Ligurie et d'Insubrie, — d'Italie peut-être,

— que les historiens croient voir se dessiner dans son âme inquiète, mais qui change incessamment de forme comme les nuages qui passent sur l'immense plaine vide... Peut-être qu'il n'a pu encore lui-même, dans l'obscur travail du sommeil, démêler l'enchevêtrement de ses ambitieuses pensées.

Un seul point fixe dans sa vie, un seul : c'est Béatrice d'Este. Elle est là, elle aussi, en grand costume de Cour, une toilette de marbre fouillé et poli comme du jade blanc : un filet de losanges coupe sa robe, d'énormes *sbuffi* bouffent aux coudes, des ruisseaux de rubans, minces et plats, serpentent des épaules aux pieds. Les mains enroulées dans une martre, dont le museau et l'œil de marbre semblent ironiquement survivre, les pieds doublés de hauts patins, qui ne peuvent plus la grandir, qui ne peuvent plus que l'allonger un peu sur sa robe plus longue qu'elle, toute noyée dans un bouillonnement de plis, de galons, de tresses et de floches. Elle dort, elle aussi, de ce sommeil absorbé qu'ont les morts.

Tous deux, tournés vers une vision intérieure, bien loin de nous, emportés dans l'orbite d'un autre monde, semblent continuer le voyage qui ne finit jamais. Un infini nous sépare. Quelles que soient nos lumières, les écrits officiels, les lettres, les monuments, devant ces physionomies fermées, nous sentons qu'il y a dans toute âme une part mystérieuse, qui ne s'est pas mise dans des mots, qui ne s'est peut-être pas bien connue elle-même, — et c'est la plus essentielle. Au milieu de notre vingtième siècle, sur cette terre toute chargée d'histoire et d'histoire de France autant que d'Italie, ce marbre semble être tombé comme un fragment d'un monde inconnu ; — une météorite du passé.

SECONDE PARTIE

ISABELLE D'ARAGON

BOLTRAFFIO : PORTRAIT PRÉSUMÉ D'ISABELLE D'ARAGON.

(Bibliothèque Ambrosienne, Milan.)

ISABELLE D'ARAGON

Au fond du petit musée de l'Ambrosienne, à Milan, dans un réduit appelé le *Gabinetto Leonardo* et placée assez haut avec d'autres dessins contenus dans le même cadre, se trouve une des œuvres les plus parfaites qui soient sorties de la main de l'homme : une de celles qui réalisent le miracle de la « présence réelle », de la vie et de la beauté sous les espèces de quelques traits au charbon. C'est un portrait de femme, jeune, de face, baissant les yeux, crayonné au fusain et, çà et là, frotté de couleurs sèches : un peu de rouge brique aux joues, du jaune canari à la chevelure, un soupçon de rouge corail au collier. La lumière tombe de gauche et renvoie les accents et les ombres sous la joue droite, sous la narine droite, à la commissure droite des lèvres, sous le menton jusqu'à l'épaule. Les cheveux, séparés au milieu du front par une raie, s'épanchent, sur chaque versant, en ondes épaisses et souples. Pas de bijoux : seulement, deux cercles devinés plutôt que vus, c'est-à-dire une ferronnière sur le front et un collier sur la gorge. Enfin, un corsage décolleté, en carré, avec un soupçon de manches bouffantes sur les épaules, légères comme des nuées, le tout sabré de hachures au fusain : en somme, la toilette qu'a Isabelle d'Este, dans le dessin de Léonard de Vinci, au Louvre. Voilà ce qu'on distingue d'abord. Mais, en s'y attachant, on s'avise d'une singularité propre à cette esquisse. Cette figure possède quatre yeux : deux à leur place, dans le visage, entièrement dessinés et modelés, mais à peine visibles sous les paupières baissées, et deux bien ouverts, mais réduits aux globes et aux pupilles, dépouillés de toute chair, tout seuls dans la marge du papier, en haut près du cadre, et qui nous regardent comme nous imaginons que nous regardent les anges, si jamais ils sont curieux de ce que nous faisons et comme regarderaient les autres yeux de ce portrait, si leurs paupières se soulevaient un jour...

Comme le portrait d'Isabelle d'Este, au Louvre, celui-ci vit sa vie mystérieuse, entouré des fantaisies et des rêveries de Léonard de Vinci : chevelures ondoyantes tracées à la pointe d'argent sur du papier bleuâtre, affûts de canons, chevaux ailés, engins hydrauliques, machines volantes... Mais rien, parmi ces ébauches d'un monde nouveau, n'est plus riche d'intrigue et de mystère que ce fusain, qui n'est même pas du Vinci, qui est de Boltraffio, relégué à l'écart de la grande route des touristes, à peine mentionné dans les guides. Je ne crois pas que, dans tout ce musée, dans Milan tout entier, une seule figure, vivante ou morte, laisse à celui qui l'a vue un plus long souvenir. Que fut cette femme, absolument belle, mais si modeste et si secrète qu'on oublie sa beauté, comme on oublie celle des Vierges abaissant leurs regards vers l'Enfant Jésus, pour ne se souvenir que de leur destin ? Sur quoi se referment ces lèvres ? Que regardent là-haut, près du cadre, ces yeux arrachés d'une face vivante et grands ouverts ? Peut-être, ne le saurons-nous jamais... Mais puisque cette tête est donnée parfois, et même assez communément, pour un portrait d'Isabelle d'Aragon [1] et qu'à confronter les dates et

---

1. Portraits d'Isabelle d'Aragon :
Authentiques : 1° La tête de femme, de trois quarts, au crayon avec

l'artiste, l'hypothèse soit vraisemblable, c'est plus qu'il ne faut pour l'évoquer un instant devant nous et tâcher d'imaginer ce que fut ce passé lointain, comme Léonard, il y a quatre cents ans, dans cette même ville, sur ces feuillets sauvés de l'oubli, tâchait d'imaginer, pour l'aviation ou la balistique, confusément, un avenir et des progrès aujourd'hui réalisés.

Les chroniqueurs du XVe siècle nous disent que cette Isabelle d'Aragon, dès le milieu de sa vie, qui fut longue, avait coutume de signer ses lettres *Isabella de Aragonia unica in disgracia,* — ce qui, à première vue, semble une grande prétention. Mais quand on la suit sur la route où elle chemine, parmi les embûches et les précipices, les princes et les bandits de la Renaissance, on éprouve bientôt que nulle, en effet, plus qu'elle, n'a pu prétendre

l'inscription : *Isabella d'Aragona moglie di Gio Galzo Sforza designato da Bernardino da Conti milanese* (aux Uffizi) :

2º La tête de femme, de profil droit, peinte à fresque avec l'inscription IX. B. L. attribuée à Luini, au *Castello Sforzesco* (à Milan) ;

3º La tête de femme de profil droit, voilée, médaille de Cristoforo Lombardo, avec l'inscription *Isabella Aragonia, dux MLI* (au Bargello, à Florence, nº 22) :

4º Le portrait de femme voilée, buste et mains, de profil droit, devant un crucifix, la main sur un livre, peint en pendant à un portrait de Gian Galeazzo Sforza (Collection du marquis Trotti-Bentivoglio, à Milan) ;

5º Le médaillon sculpté, de profil droit, au-dessus du centre du plein cintre de la *Porta della Stanza del Lavabo* (à la Chartreuse de Pavie).

Présumé par quelques auteurs : la tête de femme, de face, dessin au fusain rehaussé de couleurs, par Boltraffio, intitulé *Portrait de femme* et encadré avec trois autres dessins (à la Bibliothèque Ambrosienne, à Milan, salle G, panneau 3). Identification contestée par M. Malaguzzi Valeri, qui donne, avec beaucoup de vraisemblance, ce portrait pour l'esquisse de la tête de la *Santa Barbara* du même Boltraffio, au musée de Berlin, tableau d'ailleurs très inférieur au dessin.

Sur Isabelle d'Aragon, Cf. Philippe de Commynes : *Mémoires.* — Bellincioni : *Rime.* Octavien de Saint-Gelais : *Le Vergier d'honneur.*

Guichardin : *Histoire des guerres d'Italie.* — Marino Sanuto : *Diarii.*

Pélissier : *Louis XII et Ludovic Sforza.*

Carlo Magenta : *I Visconti e gli Sforza nel Castello di Pavia. I.*

Malaguzzi Valeri : *La Corte di Lodovico il Moro. I.*

Delaborde : *Expédition de Charles VIII en Italie.*

au privilège du malheur. Et s'il y a une hiérarchie dans l'infortune, elle a quelques droits à en occuper le sommet. Fille du roi de Naples, Alfonso d'Aragon, et d'une princesse de Milan, Ippolita Sforza, fiancée depuis longtemps à son cousin germain, le jeune duc de Milan, qu'elle ne connaissait pas, sinon par ses lettres rédigées par les poètes de la cour, elle quittait tous les siens, à dix-sept ans, pour venir habiter un pays du Nord. Après les terrasses de l'*Uovo* sur la baie de Naples, le Castello de Milan, l'hiver surtout, pouvait paraître hyperboréen. Elle épousait un jeune homme, délicat et insouciant, aux longs cheveux blonds, au nez recourbé sforzesque, passionné de chiens et de chevaux, inerte à tout ce qui n'était pas courre le chevreuil, ou « jeter » le faucon aux profondeurs du ciel. Une peinture d'un vif accent réaliste, conservée maintenant à la collection Wallace, nous montre ce prince, encore enfant, assis sur une banquette de briques, en train de lire Cicéron, avec autant d'application qu'un livre défendu. Si nous n'avions que ce document sur la jeunesse de Gian Galeazzo Sforza, les historiens nous le représenteraient comme un humaniste, dont les œuvres ont été perdues. Malheureusement pour lui, nous en avons d'autres. Et il n'y a pas de doute que le fils de Galeazzo Maria et de Bonne de Savoie, pourvu du duché de Milan dès l'âge de onze ans, par la brusque disparition de son père, ne fût tout à fait incapable de porter ce fardeau.

Heureusement pour lui, il avait à ses côtés un des frères de son père, Lodovico Sforza, duc de Bari, c'est-à-dire Ludovic le More, qui le déchargeait de tous les soins du gouvernement. Et, comme il était aussi indifférent aux réalités effectives du pouvoir, qu'il en était incapable, n'en aimant que les honneurs et surtout les plaisirs, le jeune duc se montrait profondément recon-

naissant envers son oncle d'une si profitable usurpation.
Mais on imagine la surprise d'Isabelle d'Aragon, en
arrivant à Milan, en janvier 1489, lorsqu'elle s'aperçut
qu'on ne la mariait qu'à un fantoche. L'étiquette lui
donnait bien le premier rang à la Cour, où, d'ailleurs,
nulle autre femme n'était pour le lui disputer. Sa belle-
mère, la duchesse Bonne de Savoie, était tenue à l'écart
par Ludovic le More. Au reste, cette « dame de petit
sens », depuis qu'elle s'était amourachée d'un écuyer,
avait perdu tout prestige. Personne ne faisait plus attention à elle. La sœur du duc, Maria Bianca, la future impératrice d'Allemagne, n'avait alors que seize ans, n'était
point encore mariée et ne prétendait point tenir au
Castello la première place. Ludovic le More, non plus,
n'était pas marié. Isabelle d'Aragon régnait donc sans
partage. Mais en apparence seulement. Elle ne fut pas
longue à s'apercevoir que, dans les rues, par exemple,
au passage des souverains, on ne criait pas : *Duca !*
Duca ! mais *Moro ! Moro !* et que les potentats d'Italie
et les princes étrangers, eux-mêmes, continuaient à
traiter directement avec Ludovic le More, le régent,
comme si le neveu, dont il avait eu la garde, était demeuré
un enfant.

Ce sont là, il est vrai, pour une femme jeune, belle et
ardente au plaisir, des misères médiocres. Elle en eût été
facilement distraite, dans la Cour brillante de Ludovic
le More, si Gian Galeazzo lui était apparu le héros de
l'amour, que les lettres reçues à Naples semblaient
annoncer, si le bonheur à deux lui avait fait oublier
qu'il y a des préséances et des étiquettes, en un mot si,
à défaut d'un vrai souverain, elle avait trouvé, à Milan,
un véritable mari. Mais là, encore, la jeune princesse
devait avoir de pénibles surprises. On s'était étonné en
Italie, que cet oncle et régent, si jaloux du pouvoir, eût

conseillé à son pupille et neveu de se marier, s'exposant ainsi à voir un héritier rendre doublement difficile une éventuelle usurpation. L'étonnement cessa, quand on apprit que l'héritier attendu, ou redouté, n'était ni à espérer, ni à craindre. Les jours passaient et rien n'annonçait qu'il dût venir. Les ennemis du More le chargèrent alors des machinations les plus noires et les plus compliquées.

De son côté, le roi de Naples cherchait à tirer mouture de l'incident. Considérant qu'il s'était écoulé, déjà, dix mois, depuis le mariage de sa fille, sans que le duc de Milan se soit acquitté d'aucun de ses devoirs, il trouvait, là, un ingénieux prétexte pour ne point lui payer les vingt mille ducats qu'il devait encore sur la dot promise. Il menaçait même de reprendre sa fille... Ludovic le More faisait alors comparaître le coupable devant son tribunal, assisté dans la circonstance, de l'archevêque et de quelques notables de la ville, et, au nom de la raison d'État, le gourmandait de son peu de hâte à s'assurer une postérité. L'incident grossissait et devenait international. Les ambassadeurs rédigeaient, pour rendre compte à leurs gouvernements respectifs, des notes diplomatiques, qui commençaient en italien vulgaire et se poursuivaient en latin. Dans ce village verbeux et maldisant qu'était l'Italie princière du XV⁰ siècle, toutes les Cours en faisaient des gorges chaudes.

Enfin, vers les derniers jours de l'année 1490, Isabelle d'Aragon donnait le jour à un fils. L'innocence du More éclatait : non seulement c'était un enfant, mais c'était un garçon, un héritier ! Jusque-là, on peut imaginer les tristesses et les angoisses de la jeune étrangère à la Cour de Milan... Elles ne devaient point cesser avec la naissance du bien-aimé *duchetto*, baptisé Francesco, du nom du grand Sforza. Gian Galeazzo, quand il n'était pas à la chasse, se livrait aux plus basses débauches. Il avait, pour le vin, une inclination infiniment plus grande que pour sa femme, et, semble-t-il, le vin mauvais « Il n'y a rien de nouveau, ici, écrit de Milan à Mantoue la duchesse de Montferrat, le 2 mai 1492, si ce n'est que le duc de Milan a battu sa femme... »

Nos malheurs sont surtout faits de comparaisons et, chez les femmes, de comparaisons immédiates. Seule à la Cour de Milan, Isabelle eût peut-être souffert cette déchéance. Mais voici qu'entre temps une destinée parallèle et toujours plus heureuse, comparable en tout et supérieure en tout, commençait de tisser sa trame auprès d'elle. Ludovic le More venait d'épouser la cousine germaine d'Isabelle, Béatrice d'Este, de quelques années plus jeune qu'elle et qui devenait ainsi sa tante. La duchesse de Milan était allée en grande cérémonie la recevoir aux portes de la ville et, là, dès le premier pas dans sa vie « ducale », la petite cousine avait fait un geste qui semblait réclamer la préséance. De ce jour, c'est-à-dire depuis le 22 janvier 1491, il y eut deux souveraines à Milan, l'une seule en titre, déjà dans la place, d'ailleurs l'aînée de quatre ans, l'autre nouvelle arrivée, presque une enfant encore, n'ayant que le titre quasi exotique de duchesse de Bari, mais femme et femme aimée du véritable maître et d'un véritable homme d'État, — fort ambitieuse, d'ailleurs, et bien décidée à régner dans le domaine féminin du luxe et des fêtes, autant que son mari régnait, déjà, dans le domaine de la politique et des arts.

Dès lors, ce fut entre les deux princesses une rivalité de tous les instants. Rivalité tout involontaire et inavouée, d'abcrd, à peine ressentie. Aucune des deux n'était animée contre l'autre d'un sentiment hostile. Vives, enjouées, affectueuses, enfants encore, et ayant longtemps joué ensemble sur les terrasses de Naples, toutes les deux d'ailleurs du même sang, Béatrice d'Este fille de Leonora d'Aragon et Isabelle d'Aragon mettaient tous leurs soins à n'altérer en rien leur mutuelle harmonie. Mais les choses, plus fortes que les volontés, les opposaient malignement l'une à l'autre et une sourde rivalité naissait de mille comparaisons quotidiennes, soigneusement entretenues, il est à peine besoin de le dire, par leurs courtisans réciproques.

Rivalité de poupées, d'abord, ou d'élégance. Ludovic le More couvrait sa femme de bijoux, puisés dans l'inépuisable trésor du Castello. Il l'ornait comme une châsse, avec une puérile joie de voir sa joie puérile s'épanouir. Isabelle d'Aragon, à qui, en fait, tout ce qui était du trésor ducal aurait dû appartenir, ne souffrait point de voir ainsi consteller de brillants sa cousine ; mais l'équilibre entre les deux cours se trouvait rompu, et c'est ce qui la désolait. « Elle dit, écrivait l'ambassadeur de Ferrare, qu'elle voudrait être traitée ni plus, ni moins bien que la duchesse de Bari et désirerait que le duc Ludovico s'imaginât avoir deux filles, ou deux femmes, et ne fît entre elles aucune différence, les traitant de façon égale, de quoi elle se contenterait, sans vouloir posséder la valeur d'un *bagatino* de plus que la duchesse de Bari. »

Il ne semble pas que ce fût tout à fait le cas. « Les perles de la duchesse de Bari étaient beaucoup plus grosses et belles que celles de la duchesse de Milan », écrit l'ambassadeur de Ferrare, le 1ᵉʳ mai 1492, en rendant compte d'une chevauchée des deux duchesses à travers champs, en grand costume de cour, cornes emperlées et longs voiles de soie, pour célébrer le retour du printemps. Cette inégalité frappait tous les regards, et on ne voit pas que le More prît grand soin de la dissimuler. Le soir du 15 novembre de la même année, au château de Vigevano, en présence des gentilshommes et de l'ambassadeur, il faisait une exposition des bijoux de Béatrice : ils étaient estimés 100.500 ducats. Pour la duchesse de Milan, c'est-à-dire Isabelle d'Aragon, il avait commandé, il est vrai, un rubis ; mais les personnes présentes ne l'estimèrent pas plus de 15.000 ducats. Même différence dans les équipages : Béatrice possédait quatorze chevaux de selle des plus beaux et des plus vites qu'on pût trouver, non seulement en Italie, mais dans toute l'Europe, avec, dit un témoin, « des harnachements dignes d'une impératrice ». Les montures d'Isabelle d'Aragon étaient beaucoup moins nombreuses et surtout moins fringantes. Le médecin Carri, prenant part une fois à la chasse et étant gratifié d'une de ces bêtes, la trouve si tranquille, qu'il en est satisfait « comme d'un vrai cheval de dame ».

Ensuite, rivalité sportive. Quand les deux duchesses s'en allaient chasser à courre, accompagnées de leurs dames, de leurs cavaliers et de leurs pages, à travers les champs ou les bois de Vigevano, il semblait que les jeux d'enfant, autrefois commencés dans la baie de Naples, se poursuivaient en cet éclatant appareil, avec de « grands écuyers » pour marquer les points et des poètes pour les chanter, et que c'était à qui courrait le plus vite. Mais, ici, l'enjeu était plus gros. Dans ces chevauchées furieuses, où Béatrice d'Este se lançait à corps perdu, affrontant le cerf aux abois ou le sanglier baugé, bousculant et faisant tomber ses dames d'honneur, rester en arrière, hésiter devant l'obstacle ou reculer devant le danger, eût été, pour la souveraine en titre, un aveu de faiblesse et un fâcheux présage. La femme d'un mari si notoirement insuffisant devait être la première en tout, dans son domaine propre, si elle voulait reconquérir un peu de prestige à la communauté. Aussi, se lançait-elle aux trousses de sa jeune cousine et tante, et la dépassait-elle

parfois... Même chose dans les jeux et les danses d'alors :
la *pala*, la *paume*, le *chapeau*. Tous les jours, de nouvelles
occasions de se mesurer naissaient des circonstances
et des plaisirs de la Cour. Les ambassadeurs enregis-
traient gravement les alternatives de ce match inces-
sant. Dans une note diplomatique du temps, on trouve :
« Hier, la femme du duc de Milan et la femme du duc de
Bari ont lutté : c'est la femme du duc de Bari qui a eu
le dessus. »

Enfin, rivalité maternelle. Toutes les autres n'eussent
été rien sans celle-là. Elles ne furent rien en réalité, et
les deux cousines restèrent parfaitement unies tant qu'il
n'y eut, au Castello, qu'un héritier possible du duché de
Milan, c'est-à-dire le petit Francesco, le *duchetto*. Béatrice fut une seconde mère pour lui, déclarant qu'elle
n'avait que faire d'un enfant à elle, puisqu'elle pouvait
jouer avec celui-là. Elle le croyait peut-être. Mais un
beau jour, le 25 janvier 1493, elle eut un fils, à son tour,
et ce fils, reçu avec les honneurs réservés aux enfants
royaux, dans un berceau d'or, parmi les démonstrations
joyeuses de tout un peuple, fut considéré par les amis
du More comme un héritier présomptif. Dès lors, tout
changea. Il ne fut plus possible aux deux cousines de se
dissimuler qu'elles étaient rivales, puisqu'elles avaient
pour leurs deux fils la même ambition, laquelle ne pouvait être satisfaite, chez l'une, qu'aux dépens de l'autre.
Encore, si le duc de Bari avait mis à ses projets quelque
sourdine ! Tant qu'il avait été seul, célibataire, auprès
de son neveu et de sa nièce, il s'était contenté des réalités
du pouvoir, dédaignant ou ajournant les honneurs.
Mais, en lui, le mari avait montré déjà moins de réserve :
le père n'en montra plus du tout. La venue au monde du
petit Ercole fut claironnée comme celle d'un dauphin ;
pendant six jours, les cloches sonnèrent, des processions

d'actions de grâces cheminèrent par toutes les églises et monastères de la Lombardie. Les prisonniers pour dettes furent élargis. Les couleurs du More flottèrent de toutes parts. On n'en avait pas tant fait, deux ans auparavant, pour le véritable héritier du trône ! C'était trop évident pour échapper aux regards d'Isabelle d'Aragon, et quand elle n'y aurait pas pris assez garde, sa belle-mère, Bonne de Savoie, était là pour lui signaler les moindres symptômes, avec la haine vigilante qu'elle gardait à l'usurpateur.

Pour comble de disgrâce, la Destinée, voulant sans doute faire éclater à tous les yeux la rivalité des deux princesses, leur apporta, dans la même semaine, dans le même lieu, à chacune, un enfant. Mais, tandis que Béatrice accouchait d'un « beau garçon », c'est une « pauvre fille » qui échéait à Isabelle. Les deux jeunes mères furent complimentées en même temps ; mais il était naturel que la venue d'une petite princesse ne fût pas célébrée avec le même éclat que l'apparition d'un petit prince, surtout d'un premier-né. Ce fut donc devant le lit de Béatrice, à la Rocchetta, que défilèrent les ambassadeurs, les conseillers et les notables de la ville, et c'est dans ses appartements que la foule s'écrasa pour admirer l'exposition des cadeaux qu'on lui avait faits à cette occasion, visibles derrière des barreaux de fer et dûment gardés par des sentinelles en armes. Isabelle d'Aragon, ce jour-là, dans son immense et déserte Corte Ducale, n'eut que le rebut des visiteurs, ou quelques-uns de ces distraits qui, dans toute cérémonie, se trompent de porte. De même, quand l'astrologue de la cour, sans lequel on n'osait pas mettre un pied devant l'autre, eût décidé que les deux accouchées pouvaient faire leur première sortie et aller à Sainte-Marie-des-Grâces, remercier le Ciel, en grand équipage et toutes couvertes de brocart d'or, de soie, de fourrures et de perles, c'est Béatrice qui attira tous les regards.

Dès ce jour, le caractère d'Isabelle ne fut plus le même. Il y a des vanités qui ne viennent qu'aux mères et aussi des volontés. La princesse de Naples avait pu se résigner à être la femme d'un mannequin, sur le trône de Milan : elle ne se résignerait jamais à ce que son fils ne fût pas le maître. De là, une lutte constante et d'autant plus pénible qu'elle devait se dissimuler. Elle voyait bien le More avancer, peu à peu, la main vers le bonnet ducal pour le confisquer à son profit et au profit du petit Ercole. Mais, demeurée seule de son espèce, en tutelle dans son propre palais et étrangère, fort peu, ou point du tout secondée par son mari, elle ne devait compter que sur elle-même pour détourner le geste. « Nul seigneur ne donnait empeschement de prendre la duché pour luy, que la femme du dit duc qui estoit jeune et sage », dit Commynes. Et il ajoute : « la dite fille estoit fort courageuse et eût volontiers donné crédit à son mary, si elle eût pu, mais il n'estoit guères sage et révéloit ce qu'elle luy disoit. » En effet, la pauvre duchesse de Milan n'avait pas de pire traître, dans son entourage, que son propre mari. Dès qu'elle lui proposait quelque plan pour sauvegarder leur commun patrimoine, Gian Galeazzo ne pouvait se tenir d'aller le raconter à son oncle, en échange de quelques plaisirs nouveaux, ou oiseaux de chasse, que le More savait lui ménager.

Aussi, l'avenir commençait-il à paraître sombre à cette femme touté jeune, cinq ans à peine après son mariage. Tout la trahissait au dedans. Une aide viendrait-elle du dehors ? Et d'où pourrait-elle venir ? Des siens ? Les rapports entre la cour de Naples et celle de Milan étaient déjà fort tendus, entretenus par les plaintes de la duchesse à son père et à son frère et aussi par la défiance où était Ludovic le More de la mégalomanie des Aragon. Des lettres secrètes d'Isabelle partirent pour Naples, réclamant du secours. Son frère, Ferrante, jura bien de tirer vengeance du More ; mais son père, plus prudent, se borna, quelque temps, à des manifestations épistolaires. Au surplus, le rusé duc de Bari était en train de leur tailler assez de besogne, chez eux, pour qu'ils n'eussent guère le loisir de s'occuper des siennes. Et la malheureuse princesse connut bien vite qu'aucun secours ne viendrait du Sud.

Viendrait-il de France ? Ce n'était pas impossible. Les « Barbares du Nord » descendaient en Italie. « L'entreprise de Naples », si longtemps différée, arrêtée depuis tant d'années par la barrière des Alpes, allait s'accomplir. Le Roi avait « passé ». On l'attendait d'un jour à l'autre. On le savait juste et bon. Peut-être était-ce, là, le sauveur ? Ce pauvre Charles VIII, si faible, si disgracié de la nature, tiraillé et mené par ses conseillers, entêté seulement de deux ou trois idées, — lesquelles, au surplus, étaient fausses, — apparaissait à une foule de gens, comme un archange venu du ciel pour tout remettre en ordre : l'Église, les libertés, les droits des faibles. Isabelle, tout d'abord, ne le considéra pas ainsi. Charles VIII était, pour elle, l'ennemi, puisqu'il venait en Italie tout exprès pour chasser son père et son frère de leur royaume. Elle déclara qu'elle ne le verrait de sa vie. Les gestes de l'Antiquité étaient à la mode en ce temps-là : elle saisit donc un couteau et s'écria qu'elle se le planterait dans le cœur plutôt que de toucher la main du roi de France.

Puis elle réfléchit. Elle se demanda si l'humeur de ce souverain était si constante qu'on ne pût espérer en dériver les manifestations. Charles VIII était le neveu de Bonne de Savoie, dépossédée, elle aussi, par Ludovic le More : il devait, depuis longtemps, être mis en garde contre l'usurpateur. Il ne serait donc pas impossible que cet ennemi de son père et de son frère vînt à elle en ami. Elle pourrait alors le gagner à sa cause, à la cause des siens, peut-être... Mais, pour cela, il fallait communiquer avec lui, dire ses craintes, réclamer en termes suffisamment clairs sa protection, c'est-à-dire le voir hors de la présence du More ? Entre temps, Gian Galeazzo était tombé malade, alité, claustré dans son château de Pavie, incapable d'aller vers le Roi. Elle ne pouvait le quitter, parce que le poison rôdait autour des portes. C'est le More qui avait amené Charles VIII en Italie : il était son impresario, le maître de son itinéraire et n'avait nulle envie de le voir écouter les doléances de son neveu. Il multipliait les chasses, les comédies, tous les divertissements propres à l'occuper loin de Pavie et lorsqu'il fallut, enfin, l'y recevoir, il lui fit, sous couleur de l'honorer davantage, préparer des logements hors du Castello où Gian Galeazzo gisait enfermé. Tout cela était d'un bien fâcheux présage.

Heureusement, parmi le peu d'idées qu'il portait avec lui, le Roi en avait une à laquelle il tenait : voir son cousin le duc de Milan. C'était un devoir de famille. Il voulait voir aussi Isabelle d'Aragon : c'était une curiosité mondaine. Et nul stratagème du More ne l'empêcha de la satisfaire. Le jour où, déjouant tout, il dit : « Je veux », il fallut bien l'amener au chevet du malade. Mais le More y vint aussi. Or, en sa présence, nulle confidence ne pouvait s'épancher. Son regard, le regard du dompteur, ne quitta pas, un instant, le pauvre malade fasciné. L'entrevue se passa en « parolles qui ne furent que choses generalles, » dit Commynes. Pourtant, le petit Francesco se trouvant là, Gian Galeazzo le recommanda au Roi. Celui-ci prit l'enfant dans ses bras et promit de le

considérer comme sien. La visite allait s'achever sur
un banal échange de souhaits affectueux, lorsque Isabelle « bien piteuse », selon Commynes, mais plus brave
que son mari, sentant que la minute décisive allait tomber dans le sablier où rien ne remonte, parut se décider.
Elle rompit brusquement le protocole, se jeta aux pieds
du Roi et, tout à trac, le supplia de renoncer à l'Entreprise de Naples.

Charles VIII ne s'attendait guère à ce coup et en resta,
d'abord, sot. Toutefois, il ne lui déplaisait pas, au fond,
d'être considéré comme un *Deus ex machina*, transfor-
mant toute chose sur son passage. Il releva sa cousine,
avec quelques phrases courtoises et désolées sur la fatalité des guerres entreprises, et lui fit entendre qu' « elle
avoit meilleur besoing de prier pour son mary et pour
elle, qui estoit encores belle dame et jeune ». Le discours
royal ne brillait point par une extrême clarté, ni surtout
par une confiance extrême dans le « frère écoute » qui
assistait à l'entrevue, mais on comprenait, de reste,
que le sauveur attendu ne sauverait rien. Et, en entendant
s'éloigner, dans les profondeurs du Castello, le pas des
gardes qui escortaient le roi de France, Isabelle sentit
bien que son dernier espoir, tant pour elle et son fils
que pour son frère et son père, la quittait.

Sur ces entrefaites, Gian Galeazzo mourut. Il n'avait pas
vingt-cinq ans. Il mourut entre ses chiens et ses chevaux,
comme il avait vécu, les ayant fait amener jusque dans sa
chambre, pour les voir une dernière fois. C'est une question,
encore débattue par les historiens, de savoir s'il a été empoisonné par son oncle. Il semble que, pour expliquer la gastro-
entérite qui l'emporta, il suffise d'invoquer les excès
qu'il commit toute sa vie, la formidable gloutonnerie
qu'il manifesta, même dans ses derniers jours, aux
moments de rémittence, après des crises violentes.

D'ailleurs, lors de sa dernière maladie, son oncle n'était pas là ; sa femme et sa mère y étaient et le veillaient sans trêve. Quant aux médecins que lui envoyaient Ludovic le More, il leur obéissait si peu et s'appliquait si bien à exécuter le contraire de leurs prescriptions, non point du tout par méfiance mais par gourmandise, que ce sera un éternel sujet et très beau de dispute entre spécialistes, de savoir s'il est mort pour avoir quelquefois avalé leurs drogues ou pour s'en être le plus souvent dispensé...

En tout cas, naturelle ou artificielle, cette fin servait trop bien les projets du régent pour qu'il en ressentît une douleur extrême. On a encore le billet par lequel les médecins lui annonçaient, de Pavie à Plaisance où il était à ce moment-là, que le malade était à toute extrémité et l'on y lit encore, au-dessous de l'adresse, dans un coin du papier, auprès du signe de la potence : *cito, cito, cito*, urgent, urgent, urgent. Il est facile d'imaginer les sentiments que ces trois petits mots éveillèrent dans cette âme ambitieuse. C'était pour lui et pour Béatrice, la couronne la plus enviée en Italie, une des plus brillantes du monde. Il avait en poche la promesse de Maximilien, le Roi des Romains, de lui donner l'investiture impériale, si le trône venait à vaquer. Une seule chose eût pu l'arrêter en temps ordinaire : l'hostilité des princes d'Aragon, qui régnaient sur Naples, du Pape peut-être. Mais, dans les conjonctures présentes, les princes d'Aragon avaient fort à faire pour sauvegarder leur propre couronne. La présence de Charles VIII, avec sa formidable armée, paralysait toute velléité d'intervention. En d'autres temps encore, Charles VIII, lui-même, aurait sans doute fait quelque objection à ce tour d'escamotage. En ce moment, les yeux fixés sur Naples, tous ses efforts tendant à sa conquête, il n'allait point laisser derrière lui au lieu d'un allié, un ennemi.

C'est ce qui apparut très nettement à un « Barbare » venu du Nord, mais que les roueries italiennes n'empêchaient pas de voir clair, Philippe de Commynes, alors ambassadeur à Venise. « Je vis ces nouvélles, dit-il, par la lette de l'ambassadeur vénitien qui estoyt avec luy (Ludovic le More) qu'il escrivoit à Venise et advertissoit qu'il se vouloit faire duc. Et à la verité dire, il en desplaisoit au Duc (le Doge) et Seigneurie de Venise et me demandèrent si le roy tiendroit pas pour l'enfant. Et combien que la chose fût raisonnable, je leur mis en doute, vu l'affaire que le roy avoit du dit Ludovic. Fin de compte, il se fit recevoir pour Seigneur, et fut la conclusion, comme plusieurs disoient, pourquoy il nous avoit fait passer les monts, les chargeant de la mort de son neveu, dont les parents et amis en Italie se mettoient en chemin pour luy oster le gouvernement et l'eussent fait aisément si ce n'eusse été l'allée du roy... » Si la mort de Gian Galeazzo était l'effet d'un crime, la conduite de Charles VIII, en cette occasion, n'est guère explicable. Si elle était naturelle, il faut convenir que la Providence se tenait aux ordres du More et ne point s'étonner, lorsqu'il parut dans les rues de Milan, vêtu de brocart d'or et salué par toutes les cloches, si, ce jour-là, il épuisa toute la somme de chances favorables qu'un homme peut raisonnablement espérer apporter en ce monde.

Isabelle d'Aragon, elle, semblait bien avoir épuisé toutes les mauvaises. Il n'en était rien, et l'avenir qui s'approchait lui apportait de pires douleurs. Dans les premiers jours qui suivirent la mort de son mari, il parut à tous les témoins que ce serait la dernière. Enfermée dans une salle sombre, tous les volets clos, prostrée à terre, muette, hagarde, refusant toute nourriture, hantée d'hallucinations, elle se désintéressa de tout ce qui n'était pas le passé. On eut peur pour sa vie, d'abord, pour sa raison ensuite. On s'émerveilla qu'un mari, si peu désirable de son vivant, fût à ce point regretté après sa mort. On supposa que le désespoir où on la voyait était fait de bien des choses : la certitude que son fils ne régnerait plus sur Milan, la crainte que son père et son frère fussent bientôt chassés de Naples, et puis Gian Galeazzo n'avait pas vingt-cinq ans. « Cet agneau sans tache », selon l'épithète hyperbolique de Corio, pouvait devenir un époux sortable, avec le temps. Quand on considère ses portraits, surtout celui qu'a peint Ambrogio de Predis, on doute qu'une nature si frêle et si molle fût foncièrement mauvaise et capable d'énergie dans le mal, non plus que dans le bien. Le point assuré, c'est qu'il fut pleuré par sa femme comme un héros. Le nouveau duc de Milan, qui n'avait point de haine pour ses victimes, et même, pour celle-là, une assez grande sympathie, s'effraya fort de l'état de prostration où on la disait. Quatre de ses conseillers se présentèrent chez elle, à Pavie, pour lui offrir ses condoléances et l'inviter à revenir à Milan, cela au nom du nouveau duc et du peuple, l'assurant qu'elle et ses enfants seraient traités avec les honneurs qui leur étaient dus et garderaient, en toute propriété, la résidence qu'ils occupaient auparavant, au Castello.

Cette attention la tira de sa torpeur ; elle en fut touchée et, par son ordre, le billet suivant fut écrit à Ludovic le More : « Ma souveraine est très heureuse, dit le secrétaire Paolo Bilia, d'apprendre que vous avez accepté le présent qu'elle vous a envoyé et elle est reconnaissante des aimables messages qu'elle a reçus de votre illustre épouse (Béatrice d'Este), aussi bien que des offres que vous lui avez faites et des démarches des conseillers. Grâce à la médication de Niccolo de Cusano, sa santé s'est améliorée assurément ; les enfants vont très bien : seulement le petit garçon ne veut pas porter de vêtements noirs, ni voir tendre en noir les appartements. »

Quand, enfin, après beaucoup de prières, d'allées et de venues, la jeune veuve se décida, un sombre jour d'hiver, à quitter Pavie et à rentrer à la Cour, qui dorénavant ne serait plus la sienne, tout fut tenté pour lui rendre la transition moins pénible. Un témoin, le spirituel Barone, un peu bouffon, un peu confident, un peu chevalier de la marquise de Mantoue, écrivit à celle-ci : « La nuit dernière, la duchesse Isabelle est arrivée à Milan, et notre duchesse (Béatrice d'Este) est allée à sa rencontre, à deux milles en dehors de la ville et elles se sont retrouvées ensemble. Notre duchesse est sortie de son char et est montée dans celui de la duchesse Isabelle, toutes les deux pleurant à fendre l'âme, et, ainsi, elles ont cheminé jusqu'au Castello, où elles ont trouvé le duc de Milan venu au-devant d'elles à cheval, à la porte du château. Il se découvrit et les accompagna au Castello, où tous les trois mirent pied à terre et, plaçant la duchesse entre eux, notre duc et la duchesse la conduisirent à ses anciens appartements. Lorsqu'ils y furent arrivés, ils s'assirent tous à la fois et la duchesse Isabelle ne faisait que pleurer, tant qu'à la fin le duc se mit à lui parler et la supplia de se calmer et de reprendre courage, avec beaucoup de paroles semblables. Le cœur le plus dur aurait été touché de compassion à la vue de cette femme, avec ses trois petits enfants, maigrie, défaite par le chagrin, portant une longue robe noire de moine, faite d'un drap à quatre sous la brasse, les yeux cachés par un épais voile noir. Pour moi, assurément, je ne pouvais pas m'empêcher de gémir et si je ne m'étais pas contenu, j'aurais pleuré plus encore ! »

Si le poison avait joué, dans cette tragédie, le rôle

qu'ont dit les historiens, une pareille mise en scène dépasserait, en horreur et en perfidie, tout ce qu'on sait des crimes de la Renaissance. Mais Isabelle ne crut pas au poison, à ce moment-là, ni elle, ni ceux qui avaient approché, du plus près, le mourant. Elle n'eut donc pas la honte de vivre auprès de l'assassin présumé de son mari. C'était bien assez qu'il fût le spoliateur de son fils. Car la chose était maintenant accomplie sans nul retour possible, et n'avait souffert aucune difficulté. Ludovic le More, toujours courtois et formaliste. n'avait pas coiffé brutalement le bonnet ducal. Il avait assemblé les conseillers et les notables de Milan et leur avait, le plus sérieusement du monde, proposé de transmettre le pouvoir au *duchetto*, âgé de quatre ans. La réponse avait été une protestation unanime, et les citoyens de Milan, en l'acclamant, avaient voulu que le droit fût conforme au fait. Dans une lettre écrite, le jour même, à son envoyé auprès de Maximilien, le nouveau potentat parlait de cette mort, comme d'un fait qui l'avait forcé à prendre la succession de son neveu.

A travers ses larmes et ses voiles de deuil, Isabelle d'Aragon avait bien discerné cette comédie et, rentrant à Milan, saluée par le duc et par Béatrice d'Este, elle sentait qu'elle revenait non seulement comme une veuve, mais comme une étrangère, sans espoir de régence pour elle, sans espoir de règne pour son fils. Cet espoir allait être anéanti encore davantage par la naissance du second fils de Béatrice. Tandis qu'on dansait à la Rocchetta à l'occasion du Carnaval et qu'on s'y congratulait en l'honneur de ce second héritier, voici les nouvelles qui arrivaient de Naples : le 22 février, Charles VIII avait été couronné roi des Deux-Siciles, à la cathédrale. Le jeune roi Ferrante, frère d'Isabelle d'Aragon et cousin de Béatrice d'Este, avait fui à Ischia, son peuple s'étant

soulevé contre lui, selon la coutume, en Italie, quand
un prince est malheureux à la guerre. De ce côté-là,
aussi, tout semblait perdu.

Eût-elle voulu l'oublier, les menus spectacles dont se
compose la vie d'une Cour lui remettaient sans cesse
sous les yeux le tableau de sa propre déchéance. Souli-
gner les succès de la dynastie usurpatrice, c'était, sans
même y songer, proclamer sa chute irrémédiable. Les
courtisans n'y manquaient pas. L'ostentatoire adula-
tion déployée autour de l'héritier présomptif du More
valait, à cet égard, les inventions du tortionnaire le
plus raffiné. Jamais Dauphin de France ne vit ses premiers gestes, ses jeux, ses études, ses plaisirs guettés
et célébrés autant que ce fils de parvenu. On en trouve
la trace dans les miniatures, les gravures, les poèmes du
temps : — une jolie trace plus précieuse que les pas.

> *Va per Milano el Conte inamorato*
> *E da tutte le dame e contemplato,*

disaient les poètes en parlant du petit Massimiliano,
Comte de Pavie. En lisant ces vers qui eussent dû s'ap-
pliquer à son fils à elle, Isabelle touchait le fond des
désespoirs humains.

Pourtant, elle espérait encore... En quoi ? En quelque
hasard, en quelque chose d'impossible, en ce que les
hommes d'État ne peuvent faire entrer en ligne de
compte : l'illogisme des hommes et des événements, —
comme espèrent les femmes. Jusque-là, toute prospé-
rité survenue au duché de Milan avait tourné à sa
propre perte : peut-être espérait-elle en sa ruine ?...
Qui peut dire quelle lueur filtre sous les paupières baissées, dans le portrait de l'*Ambrosienne* ? L'insolente
fortune du More pouvait ne pas durer toujours... Un à
un, les princes d'Italie se mettaient en garde contre son

ambition sournoise. Le roi de France l'avait quitté, plus défiant encore. Le peuple, écrasé d'impôts, murmurait. Quand passait dans les rues le petit Francesco, les enfants criaient : *Ducha !* Si l'usurpateur venait jamais à être chassé par l'Étranger, ou par le peuple, quel autre que l'enfant d'Isabelle pourrait le remplacer ? Dans les longues journées de claustration qui suivirent son deuil, lorsqu'elle voyait, des fenêtres de la *Corte ducale*, la brillante suite de Béatrice d'Este traverser les jardins du Castello, pour une de ces randonnées, où, jadis, toutes les deux rivalisaient d'adresse, ou bien encore quand les trompettes annonçaient l'arrivée d'un nouvel hôte, peut-être la jeune veuve guettait-elle avec impatience le pas lointain du Malheur...

Le malheur approchait, en effet, sous ses deux formes coutumières : la mort et la trahison. Un jour, une nouvelle terrible éclatait, après une série de divertissements à Vigevano. Le Duc d'Orléans envahissait le duché, il avait pris Novare ; il était à vingt kilomètres de Milan. La populace commençait à remuer dans les rues et lapidait les amis du More. L'alerte passée, on tremblait pour le sort de l'armée ducale, à Fornoue. L'astre de Béatrice d'Este, elle-même, la grande rivale, baissait. Le palais était plein d'intrigues : on chuchotait, aux portes, les infidélités de son mari. La Lucrezia Crivelli, — la *Belle Ferronnière* du Louvre, — commençait de régner sur le cœur du duc. La mort de sa fille naturelle, la petite Bianca, survenant dans ces jours d'inquiétude et de défiance, paraissait un pire présage. La fortune des Sforza changeait de face : un à un, s'effaçaient ses sourires. Puis, c'était la mort subite de Béatrice, frappant le peuple tout entier comme un coup de foudre, laissant le More atterré.

Même dans cette douleur commune, qui aurait dû les

rapprocher, l'humeur ombrageuse du maître achevait de lui aliéner le cœur de sa nièce. N'osait-il pas lui signifier de quitter le Castello et de se retirer dans le vieux palais Sforza, près du Dôme. C'était de peu de conséquence pour elle, mais en même temps il retenait le *duchetto* avec lui à la Rocchetta, ce qui était une cruauté inexplicable, ne lui permettant d'aller voir sa mère qu'une fois par semaine. « Vous avez ôté à mon fils sa couronne, ne put-elle s'empêcher de lui crier, alors, et maintenant vous voulez lui ôter sa mère! » Enfin, le Duc d'Orléans devenu roi de France, Louis XII, reprenait la route de Milan et, devant les Français, une fois de plus les troupes ducales s'évanouissaient. C'était la chute, cette fois, de l'usurpateur. Le peuple, soulevé, fermait les boutiques, dressait des barricades, et assommait les partisans du More venus pour parlementer, avec lui notamment Landriano, l'astucieux compère qui avait fait élire son maître par acclamation.

C'était vraiment l'écroulement du colosse aux pieds d'argile. Nul n'avait trahi les autres autant que Ludovic le More, nul ne fut autant trahi. Mais il avait trahi avec élégance, courtoisie, lenteur, par degrés, opérant ce qu'on eût appelé, dans les temps modernes, des « évolutions ». Il fut trahi brutalement, livré par ceux même auxquels il avait fait du bien. Quelques jours suffirent à l'ami qui lui avait juré de défendre le Castello jusqu'à la mort, au milieu des larmes et des embrassades, pour le livrer au roi de France, moyennant une part dans le pillage. Les Français, qui en profitèrent, en furent à ce point surpris et indignés, qu'ils ne pardonnèrent jamais au coupable. De même, le Suisse félon, le capitaine Turmann qui le livra à l'ennemi, fut exécuté par ses propres compatriotes, honteux qu'il se fût trouvé un traître en Helvétie. Mais Milan, et l'on peut dire presque toute l'Italie, étaient tout à la joie de voir commencer un nouveau règne. Lorsque Louis XII y fit son entrée triomphale, précédé par cinq cents archers, au son des tambours et des trompettes, sous un dais bordé d'hermine, que portaient les docteurs de l'Université en robes rouges, il n'y eut plus, dans la foule criante et applaudissante qui encombrait les rues, un seul partisan des Sforza...

Parmi tous les yeux qui se fixaient sur le roi de France, en cette journée d'automne 1499, aucun n'était plus brillant d'espoir que les yeux, maintenant grands ouverts, — comme dans le coin du portrait, — après avoir été tenus si longtemps baissés, — d'Isabelle d'Aragon. Elle avait quitté le deuil ; elle reparaissait dans ses plus beaux atours. On reconnaissait l'élégante et fière princesse d'Aragon, qui arborait jadis, au mariage de Bianca Sforza, du satin cramoisi avec des cordons d'or filé, aux chasses de Vigevano, du velours incarnat brodé de fleurs de pêcher et les aigrettes de gaze, et aux relevailles, après la naissance de sa fille Bona, une robe brodée de livres et de lettres savantes. Elle n'avait pas fui, comme les autres Sforza et comme le lui conseillait Ludovic le More. Elle n'avait voulu ni lui confier son fils, qu'il offrait d'emmener avec lui en Allemagne, ni partir elle-même pour Gênes, où l'attendaient les galères du roi de Naples. Seule de tous les princes, elle était restée dans le grand palais désert. Elle s'y cramponnait, non pas avec l'entêtement du désespoir, mais avec la joie de la délivrance. L'invasion, à ses yeux, n'était pas une menace, ni pour sa sécurité, ni pour la sécurité de ses enfants : c'était la liberté, le salut, et, peut-être la restauration. Que ferait le Roi du duché de Milan ? Il n'y pourrait régner en personne ; il en donnerait la garde à un prince et le prince le mieux désigné, l'héritier légitime, son enfant à elle, était là !

Il suffisait, pensait-elle, que cet enfant plût au maître
tout-puissant, pour que cette couronne, si longtemps
convoitée, lui revînt enfin. C'était un bel enfant, à cette
époque, que le *duchetto*. Son portrait, par Bernardino
dei Conti, aujourd'hui au Vatican, nous l'atteste. Avec
son capuchon de cheveux blonds qui ondoient, sa ferronnière épaisse d'orfèvreries, une fine plume d'oiseau
plantée sur le front, ses manches à crevés, son profil
joufflu et insolent, son petit poing serrant une petite
dague, il faisait déjà bonne figure de duc. « Un ange ! »
disaient les contemporains. En tout cas, il paraissait tel
à sa mère. Elle l'amena, toute radieuse et confiante, à
Pavie, saluer Louis XII au milieu de sa cour, persuadée
qu'il lui plairait et reviendrait duc de Milan. Il lui plut,
en effet, mais il ne revint pas. Il ne revint jamais. Le Roi
le garda auprès de lui, en tutelle, prisonnier fort choyé
et honoré, tandis qu'il renvoyait sa mère à Milan, dans
un exil doré, infiniment respectée, habiter le palais de
Marchesino Stanga. Il les séparait donc, lui aussi, comme
les avait séparés Ludovic le More. Elle put, une fois,
venir embrasser son enfant avant son départ pour la
France, puis ce fut fini. Elle ne devait plus le revoir...

De tous les malheurs qui avaient jalonné la route,
déjà si rude, parcourue par cette femme de vingt-huit
ans, celui-là était le plus inattendu, le plus foudroyant
et le plus irréparable. C'était « le malheur » par excellence,
non plus par comparaison, mais absolument, et sans
consolation possible. Comment cela était-il arrivé ? Il
faut, pour le comprendre, se rappeler que l'ambition
ou la raison d'État, chez un politique, l'emporte sur la
haine, à plus forte raison sur la sympathie. Louis XII
n'avait aucun sentiment d'hostilité envers Isabelle ou
son fils. Il n'en avait pas eu envers son mari, ni son père,
ni son frère même. Dans la première expédition d'Italie,

tandis que Charles VIII avait visé Naples, il n'avait visé
que Milan. Enfin, il connaissait les infortunes d'Isabelle
d'Aragon, la dignité de sa vie et en avait pitié. Mais ce
qu'il voulait, il le voulait bien. Maintes fois, n'étant
encore que Duc d'Orléans, il avait dit qu'il « donnerait
toute la vie d'un roi de France pour une année d'un duc
de Milan ». Fatal mirage de la terre italienne ! Maintenant, il avait brisé tous les obstacles, chassé tous les
adversaires, rallié tous les princes de la péninsule, jusqu'aux d'Este de Ferrare et aux Gonzague de Mantoue.
La seule force qui pût se dresser, un jour ou l'autre, contre
lui, c'était le peuple ; le seul nom qui pût donner une
forme à la sédition populaire, c'était le nom de Sforza.
Si faible que fût alors celui qui le portait, et si touchante sa destinée, c'était une imprudence grave que de
laisser, en Lombardie, ce brandon de discorde ou cette
« balayette » à chasser les Français.

Dans sa haine clairvoyante, Ludovic le More l'avait
bien compris. De là, ses instances pour décider Isabelle
à fuir. Pour ne l'avoir pas écouté, parce que trop souvent
ses conseils l'avaient perdue, croyant qu'il ne plaidait
encore que sa cause, lorsqu'il plaidait, en réalité, la cause
de tous les Sforza, la pauvre princesse voyait s'évanouir
son dernier espoir. Son fils, à la Cour de France, n'était
point malheureux. On le traitait comme un petit prince ;
il avait des chiens, des chevaux et des faucons, comme
en avait eu son père, et ses faucons, ses chiens et ses
chevaux lui faisaient oublier, comme à son père, les
devoirs de son nom. Mais il n'y avait guère de chances
pour qu'on le revît jamais au milieu de son peuple. On
revenait d'une prison d'Italie. Revenait-on jamais d'un
palais de France ?

Isabelle ne le crut point. Elle comprit que la période
milanaise de sa vie était finie. Elle suivit enfin, trop

tard, les conseils de son oncle, gagna Gênes, monta dans une des galères du roi de Naples et se fit conduire jusque dans l'Adriatique, au port de Bari. Là, s'élevait et s'élève encore, abrupte et rudement perpendiculaire, sans aucune souplesse d'architecture, une forteresse nue et aveugle comme une prison, baignant dans les flots. C'est l'ancien repaire de Frédéric II d'Hohenstaufen et de Charles d'Anjou, devenu le palais du duché de Bari, constitué par les Aragon et donné aux Sforza. Avant de quitter Milan, Ludovic le More, cédant peut-être à quelques scrupules, incliné par la mauvaise fortune à des retours sévères sur sa conduite des jours prospères, avait voulu faire quelque chose pour sa nièce, réparer, dans une certaine mesure, le passé. Il lui avait fait présent, en bonne et due forme, de son duché de Bari, avec un revenu de six mille ducats. Dans l'universelle tourmente qui dispersait toute chose autour d'elle, c'était un refuge.

Elle s'y retira donc avec ses deux filles, Bona et Ippolita, pour n'en plus bouger jusqu'à sa mort. Peu à peu, une petite cour d'artistes et de lettrés vint se grouper autour d'elle et les architectes tentèrent de donner aux appartements qu'elle habitait un peu du confort et du luxe qu'elle avait connus à la Corte ducale, aux premiers jours de son mariage. « Duchesse de Bari », c'était le titre qu'avait porté sa rivale aux jours brillants où elle était, elle, la duchesse de Milan : c'était, maintenant, la seule souveraineté qui lui restât. Elle lui fit pourtant honneur. Lorsque, six ans plus tard, le Duc de Ferrare, Alfonso d'Este, frère de Béatrice, traversant Bari, alla lui rendre visite, il fut frappé du grand accueil qu'il reçut et des restes de magnificence qu'il trouva chez la malheureuse Isabelle, comme si elle était encore duchesse de Milan.

Les années passèrent. Les événements passaient encore

plus vite que les années. Dans sa solitude, sur l'Adriatique, menacée encore quelquefois par les suites de l'invasion étrangère, Isabelle d'Aragon connut qu'elle n'avait pas épuisé toutes les douleurs humaines. Sa fille, la petite Ippolita, mourut entre ses bras. Elle espérait encore un peu en la destinée de son fils. De temps en temps, un courrier venu de France lui apportait des nouvelles de l' « abbé de Noirmoutiers ». (C'est ainsi que s'appelait le *duchetto* désormais.) Un jour, la nouvelle fut qu'il s'était rompu le cou à la chasse... Tout était désormais fini pour elle.

Certes, la destinée l'avait bien vengée de ses ennemis. Elle survivait à tous leurs désastres ; elle savait de quel martyre souffrait Ludovic le More dans son cachot de Loches, et combien ses amis avaient craint pour sa raison, jusqu'à sa mort misérable, en captivité. La vengeance est un plaisir des dieux, dit-on, mais les dieux se contentent de peu et celui-là ne pouvait suffire à un cœur de mère privée de son enfant...

Il fallait autre chose. Dépossédée de son fils et d'une de ses deux filles, Isabelle reporta sur Bona tous ses espoirs. On croyait ses yeux baissés, comme dans le portrait, sur le passé, sur ses deuils : ils étaient toujours ouverts, — comme dans la marge du papier où Boltraffio l'a dessinée. Ils étaient toujours fixés sur Milan. Avec une obstination d'insecte, mille fois coupé de sa route et la reprenant toujours, sans varier d'une ligne dès que l'obstacle a disparu, la pauvre femme s'acharnait encore à faire de sa fille, la dernière survivante de ses enfants, Bona, ce qu'elle n'avait pu être elle-même, une véritable duchesse de Milan. Peu s'en fallut qu'elle ne réussît. On était en 1512 : une fois de plus, les Français étaient chassés d'Italie. Le fils de Ludovic le More, Massimiliano, ce petit dauphin tant célébré par les poètes et les peintres des Sforza, revenait d'Allemagne et succédait à son père. On eut l'idée de lui offrir pour fiancée sa cousine Bona, celle qui était née, la même semaine que lui, dans le même Castello. Il paraissait l'accepter. Le rêve d'Isabelle, ce rêve unique, reconnaissable sous tant de formes diverses, allait enfin s'accomplir, lorsque Massimiliano, lui-même, après trois ans de règne, fut renversé. La victoire des Français, à Marignan, décida de son sort. Il ne s'en plaignit pas et se montra tout heureux d'aller vivre royalement en France, comme avait vécu son cousin, Francesco, l'abbé de Noirmoutiers, dans les bonnes grâces de François Ier. A sa place, Bona épousa Sigismond Ier, roi de Pologne, et c'est sur un pays de neiges et de « barbares » que régna la dernière des Sforza.

Telle est l'histoire véritable d'*Ysabella de Aragonia Sforcia unica in disgrazia*. Maintenant, a-t-elle droit à ce titre ? Chacun en jugera d'après son expérience et d'après son cœur, selon des raisons plus humaines mais non pas plus incertaines que les raisons alléguées, d'ordinaire, pour juger de l'authenticité de son portrait.

BIANCA SFORZA DE SAN SEVERINO.

(Bibliothèque Ambrosienne, Milan.)

BIANCA SFORZA DE SAN SEVERINO

Tout Milan est plein d'elle. On la voit aux devantures, aux vitrines, sur des chevalets, figurée par tous les procédés et dans toutes les matières, sur ces mille objets inutiles, les « souvenirs » et sur cette monnaie fiduciaire, représentative des trésors d'art cachés, les « cartes postales ». Tout le monde connaît cette étroite tête de jeune fille presque encore une enfant, encapuchonnée dans une épaisse chevelure qui tombe sur les joues en oreilles de chien, puis se relève sur la nuque et laisse voir un cou long, nu et frêle comme une tige de colchique ; ce front serré dans un bandeau d'or où l'on a suspendu, de distance en distance, — tels des globes électriques, autour d'un dôme, pour une illumination nocturne, — une grosse perle ; sur les cheveux, une résille quadrillée, bordée d'un galon de perles plus petites et, sur l'épaule, un diamant carré où est accroché un rubis carré où pend une grosse perle transparente, laquelle s'allonge et se poche comme la goutte d'eau qui va tomber.

Tout le monde s'est demandé à qui est ce profil, vers quoi il se tourne, quels jours brillants et limpides, ou bien quelles larmes, présagent ces rosaires de perles... Un nom, tout au plus, un joli nom est chuchoté par les érudits, avec toutes sortes de moues dubitatives : Bianca Sforza... Un autre nom, celui du peintre, est avancé avec un peu plus d'assurance : Ambrogio de Predis, succédant depuis quelques années à Léonard de Vinci.

Mais il faut en juger par soi-même. Un portrait, dont on a vu beaucoup de reproductions, fidèles ou infidèles, est comme une personne dont on a beaucoup entendu parler. On désire voir l'original, pour chasser l'incertitude et l'obsession des racontars ou des copies.

Or, l'original [1] est caché dans un tout petit musée, lui-même blotti dans une bibliothèque, dissimulée à son tour derrière les brutales magnificences du nouvel hôtel des Postes de Milan, au milieu de la ville : l'*Ambrosienne*. Le touriste qui entre en Italie, que des villes plus prestigieuses appellent plus loin, ne pense guère qu'il respirera, ici, sur la plante même, le parfum très pénétrant d'un lointain passé, ni, dans cette cité toute moderne, frémissante de machinisme, qu'il pourra se livrer aux « orgies de la méditation ». Il dédaigne cette bibliothèque, le plus souvent, et passe ainsi à côté d'une des destinées les plus radieuses et les plus éphémères qui aient enchanté les hommes, au temps de la belle Simonetta et de Giovanna Tornabuoni.

Ne faisons pas comme lui. Entrons dans ce réduit désert. Tout auprès d'une fenêtre, dans une salle recueillie et silencieuse, voici ce que nous voyons : trois chevalets. Sur l'un est posé un *Saint Jean-Baptiste*, de Bernardino Luini ; sur l'autre, un *Sauveur enfant*, du même Luini ; sur le troisième, éclairée de gauche à droite, par la

---

1. Portrait de Bianca Giovanna Sforza, fille naturelle de Ludovic le More, épouse de Galeazzo di San Severino :

Présumé avec vraisemblance : le portrait de la jeune femme aux perles, de profil, de 0,54 × 0,34, portant le n° 8 et intitulé *Rittrato di donna*, longtemps qualifié *Béatrice d'Este*, autrefois attribué à Léonard de Vinci, aujourd'hui, à Ambrogio de Predis, à la Pinacothèque Ambrosienne, à Milan.

Cf. Alessandro Giulini : *Bianca Sanseverino Sforza. Archivio storico lombardo*, XXXV. — Bellincioni : *Rime*. — Francesco Malaguzzi Valeri : *La Corte di Lodovico il Moro*. I. *La vita privata* et III. *Gli artisti lombardi*. — Carlo Magenta : *I Visconti e gli Sforza nel Castello di Pavia*. — Calco Tristano : *Nuptiæ mediol. et esten. principum*.

première lumière qui filtre dans la salle, la figure célèbre
qu'on a vue partout. Sur un fond olive, la fine tête
couverte d'une chevelure radieuse comme des flammes,
les tempes serrées dans des bandeaux plus amples encore
que les bandeaux dits « Botticelli », quelques cheveux
détachés de la masse pendent en manière de fils, descendent le long des joues plus bas que le menton, plus
bas que la gorge, vont presque toucher les perles du
collier. Sur un corsage grenat, un surcot d'un marron
épais donne l'impression du noir. Un teint blanc et, çà
et là, des accents noirs aux commissures des lèvres, à
la paupière supérieure, au-dessus de la narine et à l'aile
du nez. Tout cela et l'humide éclat des yeux donnent à
cette figure quelque chose de la fraîcheur des portraits
anglais du XVIIIe siècle.

La première chose qui frappe est son extrême
jeunesse et son extrême sérieux. Certes, un profil est
d'ordinaire une chose sérieuse. Ce sont les portraits
de face qui nous sourient et font des frais pour nous :
un profil semble regarder la Destinée. Ici, le regard,
enfantin encore, et timide, ajoute à la gravité naturelle
du profil. Il est pour beaucoup dans l'extraordinaire
attirance qu'a cette frêle figure. Bembo, qui a sans doute
connu le modèle, définit ainsi la perfection féminine,
dans son *Traité sur l'Amour*, et l'on dirait qu'il a écrit
devant ce portrait, sans le quitter un instant des yeux :

Belle chevelure plus ressemblante à or bruny qu'à autre chose,
laquelle estant également my partie sur la fontaine de la teste par
une ligne droite et venant à descendre par dessus les espaules
jusques aux pieds est troussée en plusieurs beaux cercles. *Puis du
long des temps sur les joues, les petits cheveulx branslans doulcement à
l'air, qui pendent comme petites houpettes de bonne grâce*, en sorte qu'il
semble que ce soit un miracle nouveau d'une umbre mouvante sur
un amas de neige fraîche et blanche… Front poly, lequel, en sa
circonférence jolye, tesmoigne que c'est la demeure de pureté

solide et ferme. Puis il descendra aux sourcilx de fin hébène applaniz et tranquilles, soulz lesquelz verra luyre deux beaux yeux noirs et amples muniz de gravité honneste, accompagnée de doulceur naturelle, estincellans, comme deux estoilles en leur cours. Deux joues rondes et délicates de la blancheur desquelles ne daignera faire comparaison avec celle du laict, sinon en tant que parfois elles contendent avec la fraischeur vermeille des roses espanys du matin... La bouchette contenant bien petit espace, bordée de deux rubis d'autant beau lustre qu'il est possible de souhaiter et qui ont force d'allumer en tout homme, pour froid et mortifié qu'il soit, grand désir de les baiser...

La seconde chose qui caractérise ce portrait, ce sont les bijoux. Ils sont tellement nombreux et si serrés, ils suivent de si près les formes que tout le reste, figure et buste, dessin et couleur, vînt-il à disparaître, ils suffiraient pour qu'on puisse, avec certitude, en rétablir exactement les contours généraux.

On éprouve, en les voyant, quelle place tenaient alors dans la vie les pierres précieuses : rubis, rubis balais, émeraudes, diamants « tavola », c'est-à-dire plats ou taillés en pointe, gemmes de toutes sortes et de toutes couleurs. Pour nous, ce sont de simples accents décoratifs, souvent sacrifiés aux émaux dans la joaillerie moderne et facilement imités. Pour eux, c'était bien autre chose. Outre que les thérapeutes et les mages y voyaient des gardiens contre le poison, contre la fièvre, contre l'infidélité ou la frénésie, ou le haut mal, les princes les entassaient comme des trésors de guerre. Il y avait toute une armée de Suisses dans la coiffure d'une duchesse. On leur donnait à chacun des noms comme aux étoiles. Tout le monde savait, à un ducat près, leur valeur. On se les prêtait d'une Cour à l'autre, pour une nuit. Dans une fête, tous les yeux étaient fixés sur eux. On suivait, avec curiosité, leur apparition ou leur disparition d'une toilette, car il n'était pas rare

qu'on les mît en gage et, ainsi, on évaluait le haut ou le
bas des fortunes. Disposées en longues lignes sur les
robes et en notes de musiques, ils chuchotaient des airs
symboliques. Groupés en constellations nouvelles, ils
annonçaient de nouvelles alliances entre les peuples et
les rois et, pendant que les astrologues demandaient
l'avenir aux astres, les diplomates tiraient des horos-
copes, de plus près et avec plus d'assurance, de ces
petits astres des salons, moins hautains, mais plus sûrs.

On devine, dès lors, avec quelle dévotion les femmes
les suspendaient à leur personne, — non point perdus
dans le fouillis d'une chevelure ou d'une dentelle, mais
détachés et exposés, un à un, comme sur un écrin vivant.
Avec quel respect attentif les peintres devaient les
détailler et, s'ils avaient à représenter des perles, par
exemple, leur faire un sort à chacune ! Ici, chacune est
décrite comme si elle était tout un monde, non seulement
avec son « orient », mais avec son occident ou ses pôles,
avec son anneau de lumière sous-jacente, entre sa région
d'ombre interne et son ombre portée sur la chair. Une
particularité fort étrange est que les perles de ce portrait sont transparentes, soit qu'elles le fussent, en effet,
c'est-à-dire qu'elles ne fussent que des *jocalia de cris-
tallo*, soit bien plutôt que le peintre n'ait pas travaillé
d'après les perles mêmes de la Princesse, mais pour avoir
mieux le temps de les étudier, ait fait poser des imita-
tions de verre. L'excès de conscience aura produit
l'erreur.

Cette conscience se voit partout. Le diamant est taillé
avec le respect qu'on doit à une pierre « qui donne force
et courage, écarte les incubes et les succubes et protège
du venin ». Le rubis « qui épure les esprits, chasse les
mauvaises pensées et rend les hommes aimables » et
encore les perles « qui apaisent les craintes et les frayeurs

et les angoisses causées par l'atrabile » parant la jeunesse, laquelle donnerait à ces joyaux toutes ces vertus quand ils ne les auraient pas, sont sertis ou égrenés et allumés et entretenus avec le soin et la piété qu'on a dans un couvent pour les lampes sacrées. Nous avons perdu, à cet égard, le sens du mystère, tout ce que l'imagination de nos pères mettait d'espoir, de crainte, d'interrogation dans ces petites sphères précieuses, brillantes, et capables de maladie et de mort, au front des femmes. Nous avons perdu surtout les joies de la surprise. Il n'est pas sûr que l'artiste crût à toutes les vertus magiques des joyaux qu'il s'appliquait à figurer, mais certainement il n'était pas encore blasé sur leur beauté. Il sentait encore, dans toute sa primeur, l'émerveillement de les voir, la fierté de les reproduire et de les révéler à qui ne les avait point vus. Il mettait ainsi, dans la copie méticuleuse, naïve et passionnée qu'il en faisait, cette saveur du conteur qui raconte une histoire pour la première fois.

Et maintenant, qui est cette femme, universellement connue quant à ses traits et à sa parure, à peu près universellement ignorée, quant à sa vie ? C'est, plus encore que Béatrice d'Este, une éphémère. C'est une petite fille, qui joue à la dame et même à la très grande dame, une poupée vivante qu'on pare, qu'on attife, qu'on coiffe de tous les bijoux dans la cour la plus riche en bijoux, sur qui l'on essaie toutes les modes, dans le palais le plus curieux des nouvelles modes, qu'on marie à huit ans au cavalier le plus admiré de France et d'Italie et qui ne lui va pas au coude le jour de son mariage, devant toutes les dames dépitées, mais qui ne peuvent être jalouses d'une enfant ; une *Madonna*, qui apprend à signer son nom laborieusement, sans doute en tirant la langue, d'application, et qui s'en va ; ensuite, recevoir le Roi de France, en grande cérémonie, ou les ambassadeurs de Venise, — un bout de fée qui danse, qui saute, qui court le chevreuil et le cerf, qui, un beau jour, trouvant une poupée plus petite encore qu'elle, un prince nouveau-né [1], joue à la maman, puis un soir pâlit, se couche et meurt, par où l'on voit qu'elle n'était pas une poupée et qu'un cœur a cessé de battre, à l'âge où les autres sont en train de s'éveiller : — telle apparaît, disparaît, joue à cache-cache avec les historiens, à travers les lettres, les chansons, les petits vers, les chevauchées, les bals diplomatiques de la cour de Milan, entre les années 1489 et 1496, Bianca Giovanna Sforza, fille naturelle et préférée de Ludovic le More, épouse de Galeazzo de San Severino [2].

1. Le petit Francesco second fils de Béatrice d'Este, né le 4 février 1495.

2. On ne sait point, il est vrai, de source certaine qui est cette jeune femme. Dans l'acte de donation, qui a fait passer ce portrait, en 1618, de la galerie du cardinal Borromée à la Bibliothèque Ambrosienne, il est parlé d'un « portrait d'une duchesse de Milan », sans plus. D'autre part, on croit pouvoir identifier cette effigie avec celle qui se trouvait, en 1525, à Venise, chez Taddeo Contarini et qui est décrite par Marc Antonio Michieli comme « un portrait de profil de la tête et du buste de Madonna, fille du seigneur Ludovic de Milan, mariée à l'empereur Maximilien, » — ce qui en ferait l'image soit de Bianca Giovanna Sforza, fille de Ludovic le More, en effet, mais non femme de l'empereur Maximilien, soit de Bianca Maria Sforza, mariée en effet à l'empereur Maximilien, mais nièce et non fille de Ludovic le More. Voilà le témoignage des textes.

Mais il suffit de regarder le portrait lui-même pour être assuré de trois choses : c'est une très jeune personne, ce dont témoignent le cou, la gorge, toute l'expression, et c'est une femme déjà mariée, ce qu'atteste la profusion des bijoux qui la couvrent. (On sait qu'à cette époque, les portraits de jeunes filles ne contiennent pas de bijoux.) Ensuite, cette femme vit exactement sous le règne de Ludovic le More, ce qu'indiquent sa coiffure, la broderie en chaînettes d'or, la « fantasia dei Vinci » autour de l'emmanchure et la disposition des trois joyaux : diamant, rubis et perles posés sur l'épaule. Enfin, la mention « une duchesse de Milan », quoique peut-être littéralement erronée, montre que la tradition faisait de ce portrait celui d'une personne d'un rang très élevé, qui allait de pair avec les duchesses de Milan. Or, tout ceci restreint le champ des hypothèses. Une égale de la duchesse de Milan, déjà mariée à l'âge que suppose un tel profil et à l'époque de Ludovic le More, pourrait être Béatrice d'Este. Et, en effet, pendant longtemps, c'est le nom qui a été attribué à ce portrait.

Cette Bianca Giovanna Sforza, qu'il ne faut point confondre mais que l'on confond toujours avec sa cousine Bianca Maria Sforza, femme de l'empereur Maximilien, était donc la fille du More. Elle ne lui ressemblait pas quand, au contraire, Bianca Maria, qui n'était que sa nièce, lui ressemblait, — d'où, nombre d'erreurs très favorables aux discussions. Elle était née en 1482,

Mais le profil de Béatrice d'Este nous est bien connu. Il est attesté par huit ou dix profils parfaitement semblables, presque superposables, dus à des maîtres différents, mais contemporains du modèle et qui ne se sont point copiés les uns les autres : le sculpteur Cristoforo Romano, le sculpteur Cristoforo Solari, dit le *Gobbo*, le peintre Zenale, l'auteur (Lorenzo Costa ou Ambrogio de Predis) du portrait conservé au palais Pitti. Or, aucun de ces profils, qui tous se ressemblent, ne ressemble le moins du monde à celui-là. L'auteur de ce portrait, Ambrogio de Predis, par hypothèse, aurait-il manqué, à ce point, la ressemblance ? Cela est-il dans les choses possibles ? La ressemblance totale, dans l'acception habituelle du terme, c'est-à-dire le jeu de la physionomie ou l'expression, oui, cela est possible et cela se voit tous les jours. Mais ce n'est pas cela dont il s'agit ici. Il s'agit de la construction même de la figure, de la forme même du crâne, de l'angle facial, de l'évasement des lèvres, du volume très particulier de la joue et du menton. Ce profil est, d'ailleurs, admirablement dessiné. L'homme qui l'a tracé savait voir la nature. Or, à part le Titien, qu'on ne peut invoquer dans un cas semblable, car il faisait un portrait sans avoir vu le modèle, si l'on connaît nombre d'exemples de grands artistes qui manquent la ressemblance physionomique, on n'en connaît pas un seul d'un grand artiste modifiant la construction même d'une figure. Ainsi, vouloir ramener cette effigie à toutes les autres que nous possédons de Béatrice d'Este, est vain.

Béatrice d'Este étant écartée, il ne reste à son époque, dans la cour du More, qu'une femme qui soit à la fois aussi jeune que celle-ci, déjà mariée et si haut placée qu'elle ait pu laisser le souvenir d'une duchesse de Milan : c'est Bianca Giovanna Sforza, fille naturelle de Ludovic le More, née en 1482, épouse de Galeazzo de San Severino. Tous les textes établissent qu'elle marchait à peu près de pair avec les duchesses de Milan, et que son mari avait un tel train, à la cour, qu'on eût dit qu'il était lui-même le duc. Il est vrai qu'elle est morte bien jeune, dans sa quinzième année, et les historiens assurent que cela suffit pour écarter cette identification. Mais cela ne suffit pas. Il y a, dans les pays méridionaux, des visages de quatorze ans aussi fermement dessinés que celui-là, et il faut croire que cette Bianca Sforza, réellement épouse, à quatorze ans, de Galeazzo de San Severino, était particulièrement précoce, pour jouer avant sa mort le rôle que lui attribuent les mêmes historiens. De plus, ayant à peindre cette enfant, qui jouait à la dame avec la complicité et aux applaudissements de toute la cour et sous le regard charmé du More et du Roi de France.

à Milan, d'une femme de peu, une certaine Bernardina de Corradis, méprisée par l'histoire.

Son père lui avait donné son nom, son château de Voghera, le palais Terzigo, beaucoup d'argent et, disait Bellincioni, « son esprit ». Sa mère, n'ayant rien, ne lui avait rien donné que sa beauté. Peut-être aussi sa bonne grâce, car la petite Bianca était *allegra e di bona voglia*, dit un chroniqueur. Tout le monde l'aimait. Il y a, dans la suite des tapisseries qui drapaient le chœur de la cathédrale de Reims, tissées aux premiers jours du xvie siècle, une petite figure coiffée et vêtue exactement comme une princesse de la cour de Ludovic le More. Elle paraît à tout moment dans les scènes de la *Vie et de la Mort de la Vierge*, sans raison apparente, sans autre prétexte que son aimable minois qu'on est toujours content d'y retrouver. Ainsi paraissait la petite Bianca dans toutes les scènes de la cour sforzesque.

A partir, surtout, de son mariage, qui fut célébré en grande pompe le 10 janvier 1490, elle fut de toutes les fêtes. On la vit à l'entrée de Béatrice d'Este à Milan, occupant la première place après les deux duchesses, et l'affection que lui voua, tout de suite, la jeune épouse de son père ne se démentit jamais. On la vit dans les

l'artiste a fort bien pu mettre l'accent sur les caractéristiques naissantes du visage, au lieu de les adoucir, comme on fait d'ordinaire et, pour le flatter, vieillir un peu son modèle. Enfin, les historiens objectent que cette « prétendue fille » de Ludovic le More ne ressemble pas à son père. C'est vrai, mais on débaptiserait bien des portraits de femmes, — et je dis des plus authentiques, — si l'on exigeait d'elles qu'elles ressemblent à leur père, pour porter son nom. Bianca Maria Sforza, la femme de l'empereur Maximilien, qui n'était que la nièce du More, lui ressemblait extrêmement : il se peut que sa propre fille ne lui ressemblât point et reproduisit plutôt les traits de sa mère, cette Bernardino de Corradis, qui était si belle, — en quoi elle eût fait preuve d'esprit, — et les historiens la devraient bien imiter. De tout cela il ne résulte pas que le portrait de l'*Ambrosienne* soit, indubitablement, Bianca Sforza, mais nulle autre femme ne s'identifie mieux, ni même aussi bien avec lui. C'est pourquoi nous lui conserverons son nom.

parties de campagne où les princesses se délassaient de
l'étiquette ducale, et les témoins notaient qu'elle était
habillée et parée comme les deux duchesses, « sans
différence aucune ». Le 9 mai 1493, dit un chroniqueur,
elle arrive au Castello de Pavie et, pour inaugurer les
plaisirs champêtres de l'année, le jour même elle part
avec Isabelle d'Aragon, et leurs dames respectives ; elles
s'en vont dans une prairie des environs « se divertir
frénétiquement à se jeter du foin l'une sur l'autre » ;
après quoi le jeune duc de Milan, Gian Galeazzo, remonte
à cheval, prend la duchesse en croupe et tout le monde
rentre fourbu de ces innocents plaisirs. On la vit, à
l'arrivée du roi de France à Annone, en septembre 1494,
toujours immédiatement après Béatrice et d'autant plus
en évidence que c'est son mari qui avait levé les dernières hésitations de Charles VIII à venir en Italie. On
la vit aux noces de l'empereur Maximilien, avec la jeune
Bianca Maria Sforza, dans un de ces chars parés qui
portaient le cortège, et toute couverte de perles. Elle
joua même parfois un rôle dans les réceptions diplomatiques. En 1496, Venise ayant envoyé à Milan deux
ambassadeurs, Antonio Grimani et Marco Morosini,
pour rencontrer Maximilien alors à Vigevano, ils furent
hébergés au palais personnel de la petite Bianca, et là,
remplaçant son mari qui souffrait d'une attaque de
fièvre, elle souhaita la bienvenue à ces graves personnages. Elle avait à peine quatorze ans. Telle était l'ini-
tiative ou l'assurance des petites princesses avant qu'on
se fût avisé de les instruire.

Faut-il croire au mot de Gloucester sur les étés courts
qu'ont les printemps trop précoces ? Tant il y a que peu
de temps après ces solennités, le 23 novembre de la
même année, Bianca mourait subitement d'une *passione
de stomacho*, dirent les hommes de l'art. C'était le premier

son de la cloche fatale qui annonçait la fin d'un monde. La douleur de Béatrice fut profonde : « Bien que vous ayez, déjà, appris par le duc, mon mari, la mort prématurée de madonna Bianca, sa fille et l'épouse de messer Galeaz, — écrivait-elle à Isabelle d'Este, — je ne dois pas moins vous écrire ces quelques lignes de ma main, pour vous dire combien grands sont le trouble et le désarroi où cette mort m'a mise. La perte, en vérité, est plus grande que je ne puis le dire, à cause de notre grande intimité et de la place qu'elle tenait dans mon cœur. Puisse Dieu avoir son âme ! » Le More, de son côté, que ce coup frappait « au milieu du cœur », épanchait sa douleur, non auprès d'une parente, mais de la propre mère de sa fille, la Bernardina de Corradis, et lui protestait « qu'elle ne serait pas moins aimée de lui, dans l'avenir, que si la Bianca était toujours vivante ».

Il songeait aussi à réconforter son gendre Galeazzo, malade lui-même et presque en danger, lors de la catastrophe. Ne pouvant aller à Milan, il lui dépêchait trois grands personnages de son intimité pour l'assister dans son deuil et l'assurer de son inviolable attachement. Ils le trouvèrent atterré, ayant perdu tout désir de vivre et de se mouvoir. A grand'peine on lui persuada, enfin, de sortir de la retraite où il se calfeutrait, au Castello, et d'aller se guérir aux champs, à Abbiategrasso.

La douleur du jeune veuf touchait les poètes. Niccolo da Correggio la célébra en un sonnet qui a été conservé. De toutes parts, arrivaient des témoignages de stupeur et éclataient des sanglots. De Worms, la jeune impératrice d'Allemagne, Bianca Maria Sforza, écrivant à son oncle, Ludovic le More, faisait appel à toute sa fermeté d'âme pour surmonter l'accablement où cette mort le laissait. Il semblait que quelque chose venait de s'éteindre, qui égayait tous les yeux de cette Cour et les tenait détournés des laideurs du monde. La petite lueur disparue, on voyait subitement les choses comme elles étaient, c'est-à-dire point belles, — et menaçantes. Ainsi, les voyons-nous peut-être encore, nous-mêmes, au sortir de l'Ambrosienne, quand nous sommes rejetés dans le courant de la vie quotidienne, où ne passera plus ce profil... En tout cas, on trouverait difficilement, dans l'Histoire, une gamine de cet âge, qui ait tenu tant de place dans tant de cœurs, parmi des imaginations et des sensibilités si ardentes, à une heure pareillement féconde pour l'enchantement de l'humanité. On ne voit, à lui comparer, qu'à Florence, l'éblouissante et brève apparition de la Simonetta. Par les traits, elles ne se ressemblent guère. Pourtant, quelque chose les rapproche : un visage tourné vers une vie si courte, avec cette ferveur confiante et enfantine à la fois, comme vers un horizon sans limites, on ne le trouve que dans le profil attribué à Pollajuolo [1].

Toute l'horreur de cette mort ne vint pas de sa seule soudaineté : elle vint encore de son mystère. Une fin si prématurée et si contraire à ce que l'on croit savoir des lois de la Nature ne paraît jamais « naturelle ». On lui soupçonne, volontiers, une cause merveilleuse et criminelle, surtout quand il s'agit des « grands de ce monde ». On ne manqua pas, cette fois encore, d'accuser le poison. Ce bruit fut peut-être accrédité par ce fait que le More chargea son homme de confiance, Ambrogio da Rosate, de faire une enquête sur les causes de la maladie et les remèdes prescrits. Cette enquête ne révéla rien, que l'insuffisance des médecins, qui « ne virent, ni comprirent le mal », selon l'expression du Duc lui-même. L'hypothèse d'un crime est, d'ailleurs, absurde. On n'en saurait

1. Voir *Les Masques et les visages à Florence et au Louvre. — La belle Simonetta.*

imaginer ni le mobile, ni l'instrument, et il est tout à fait invraisemblable que ni le père, ni le mari de la victime ne l'aient su et, s'ils l'ont su, qu'ils ne l'aient pas vengé. Une seule hypothèse permettrait de concilier toutes les contradictions : celle où l'empoisonnement aurait eu pour auteur Béatrice d'Este, empoisonnée à son tour, un mois et demi plus tard par Galeazzo, pour venger Bianca... Mais rien n'autorise une supposition aussi extravagante. Un dramaturge, en quête de vendettas compliquées, dans les somptueux décors de la Renaissance, pourrait trouver, là, une matière aussi riche que celle des Borgia, sans doute. Mais l'historien n'en a que faire. Bianca Sforza, épuisée par une vie qui, souvent, mettait en danger ses aînées dans la force de l'âge, est vraisemblablement morte de ce rôle de grande dame qu'on lui a fait jouer trop tôt.

Quant à son mari, quoique bien plus âgé qu'elle, il commençait à peine, lorsqu'elle mourut, la longue carrière qui devait l'illustrer et lui mériter une mention dans le *Cortegiano*, comme d'un des cavaliers les plus accomplis de son temps. Ce Galeazzo, cousin du More, était le plus brillant des douze frères de San Severino, des géants parmi lesquels l'Histoire a retenu, aussi, les noms de Gaspare, le fameux capitaine Fracasse, de Gian Francesco, comte de Caiazzo, qui commandait les troupes sforzesques à Fornoue, et du cardinal Federigo, si fort qu'il soulevait aisément dans ses bras le pesant pape Alexandre VI.

Galeazzo s'était fait connaître, d'abord, dans les tournois comme le jouteur le plus redoutable. A la *Giostra* des 23 et 24 septembre 1489, à Pavie, il avait rompu dix-neuf lances, puis jeté son adversaire à bas de son cheval, au milieu des acclamations de tout un peuple. Toujours, dans tous les pays, il retrouva le même succès.

Mais les passes d'armes n'étaient point son seul prestige. Il n'imitait nullement, en ce point, son frère Fracasse, à qui Catherine Sforza conseillait de se faire huiler comme une armure et enfermer dans une armoire, en temps de paix, n'étant, comme les armures, bon à quelque chose qu'à la guerre. Galeazzo se distinguait, au contraire, par son esprit, son charme, son exquise politesse et ses bonnes lettres, aussi capable de donner la réplique à Léonard de Vinci qu'à croiser le fer avec Pietro Monte. C'est par là, surtout, qu'il gagna le cœur de Ludovic le More, et qu'il devint son gendre d'abord et ensuite le commandant en chef de son armée.

Enfin, il montra des aptitudes diplomatiques. Lorsqu'il fallut envoyer, à Lyon, un ambassadeur qui décidât Charles VIII à passer les Alpes, le More n'hésita pas à choisir Galeazzo. Après les diplomates de profession, qui n'avaient réussi qu'à nouer des intrigues, il voulait qu'apparût une espèce d'archange, propre à entraîner les hésitants, mettre en fuite les traîtres, éblouir le Roi. Beau, jeune, élégant, la langue dorée et le bras invincible, l'époux de Bianca Sforza semblait, plus que tout autre, propre à cet emploi transcendant. Et, en effet, il s'y surpassa. Avant le jour qui lui était fixé par le protocole pour faire son entrée solennelle, il pénétra dans Lyon, sous un déguisement, afin de profiter d'une heureuse conjonction des astres, vit Charles VIII en secret et lui plut tout de suite.

Le lendemain, ce fut bien mieux encore, quand il parut au milieu des princes et des gentilshommes de la garde du Roi, les mains chargées de présents : des parfums pour le Roi, des robes à l'espagnole pour la Reine. Une longue file de coursiers, de genêts le suivaient, pour remplir les écuries de la Cour. Et quand on le vit entrer dans les lices et courir la lance, ce fut un délire. Il n'y

eut plus, au camp français, d'autre sujet pour les bavards.
Les ambassadeurs ne tarissaient pas sur la faveur
marquée au nouveau chevalier. Celui du More, Belgiojoso, lui écrivait : « Le Roi Très Chrétien, s'étant
retiré dans son particulier, avec quelques-uns des siens
et plusieurs de ses maîtresses, il fit introduire ledit
seigneur Galeas. Après quelques propos agréables, il prit
par la main une de ces demoiselles, disant qu'il voulait
la lui donner pour maîtresse, puis il en choisit lui-même
une autre et chacun d'eux resta en conversation avec la
sienne pendant deux heures. » A cette nouvelle, le beau-
père ne se tient pas d'aise : « D'après ce que nous appren
nent beaucoup de lettres et en particulier la vôtre du 24,
répond-il à Belgiojoso, les grands honneurs que le Roi
Très Chrétien fait chaque jour à Messer Galéaz, notre
gendre et fils, tels que de l'introduire dans ses appartements et de l'associer à tous ses plaisirs domestiques,
bien qu'ils ne dépassent pas notre attente, n'en sont pas
moins de nature à nous causer la plus grande satisfaction et à exciter chez nous une reconnaissance infinie. »
Malheureusement, quand il fallut conduire des armées,
le tacticien, en lui, ne se montra pas l'égal du courtisan,
ni du diplomate. Il fut, malgré des prodiges de valeur,
outrageusement battu par son rival Trilvuce. Il devait,
il est vrai, le retrouver plus tard auprès du roi de France
et le battre, à son tour, sur le terrain plus favorable des
intrigues de Cour. Mais cette revanche tardive ne releva
pas sa réputation auprès des graves arbitres qui font
l'opinion posthume. Il reste avéré que le plus beau, le
plus séduisant et le plus brave des frères San Severino,
toujours victorieux en champ clos, ne connut guère sur
le champ ouvert des batailles que des défaites, — jusqu'au jour où il sauva l'honneur des armes françaises
dans une défaite encore, mais une défaite glorieuse, à

Pavie. Aussi, malgré les grandes charges militaires dont il fut investi, durant presque toute sa carrière, si l'on veut se représenter, au naturel, l'époux de la petite Bianca, c'est d'un cavalier servant qu'il faut faire le portrait, ou plutôt on n'a qu'à regarder celui qu'il trace de lui-même dans la lettre suivante écrite à Isabelle d'Este, le 19 février 1491 :

Ce matin, je suis parti à dix heures, à cheval, avec la duchesse et toutes ses dames pour Cussago, et afin que votre Altesse soit pleinement au courant de nos divertissements, je vous dirai qu'avant tout il a fallu que j'aille dans un char avec la duchesse et Dioda, et comme nous roulions, nous chantâmes plus de vingt-cinq chansons arrangées pour trois voix. C'est-à-dire que Dioda faisait la partie du ténor et la duchesse du soprano, tandis que je chantais quelquefois la basse et quelquefois le soprano et je jouais tant de tours que je pense en vérité avoir été plus fou que Dioda ! et maintenant adieu pour ce soir ; je vais essayer de faire mieux encore, afin d'apporter à votre Altesse le plus de divertissements possible lorsque vous viendrez ici en été.

. . . .

Une fois arrivés à Cussago, nous fîmes une grande expédition à la rivière et nous prîmes une immense quantité de grands brochets, de truites, de lamproies, d'écrevisses et plusieurs autres bonnes sortes de poissons de plus petite taille et nous nous mîmes à en manger jusqu'à plus faim. Alors, pour digérer notre dîner, nous avons tout de suite commencé de jouer à la balle avec une grande ardeur et, après avoir joué quelque temps, nous montâmes au palais, qui est réellement très beau et entre autres choses contient une porte en marbre sculpté aussi belle que les nouveaux travaux de la Chartreuse. Ensuite, nous examinâmes le résultat de notre pêche, qui avait été exposé au haut de la place et nous emportâmes autant de lamproies et d'écrevisses que nous pouvions en manger, et nous envoyâmes quelques lamproies à són Altesse le duc. Quand ce fut fait, nous allâmes à un autre palais et nous prîmes plus de mille grosses truites, et après avoir choisi les plus belles pour en faire des cadeaux et pour nos illustres bouches, nous fîmes rejeter le reste à l'eau.

Alors, nous remontâmes sur nos chevaux et nous commençâmes à faire voler le long de la rivière quelques-uns de mes beaux faucons que vous avez vus à Pavie et ils tuèrent plusieurs oiseaux. A ce moment, il était déjà quatre heures. Nous chevauchâmes pour chasser des cerfs et des faons, et après avoir donné la chasse

à vingt-deux et tué deux cerfs et deux faons, nous retournâmes
à la maison et atteignîmes Milan à une heure après le coucher du
soleil, et nous présentâmes le résultat de notre expédition à
M⁓gᵣ le duc de Bari. Mon illustre seigneur prit le plus grand plaisir
à ouïr tout ce que nous avions fait, bien plus en vérité que s'il y
avait été en personne et je crois que ma duchesse finira par tirer
de tout ceci le plus grand profit, car le seigneur Lodovico lui fera
présent de Cussago, qui est un endroit d'une beauté rare et de
rare valeur. Mais j'ai mis mes bottes en morceaux, déchiré tous
mes vêtements et fait le fou par-dessus le marché, et ce sont, là,
les récompenses qu'on gagne au service des dames. Cependant, je
prendrai patience, puisque c'est pour celui de ma duchesse, que je
n'abandonnerai ni dans la vie, ni dans la mort. Une seule chose
manquait à notre plaisir et c'était votre aimable compagnie, belle
madonna marquise.

A quoi ressemblait physiquement ce miroir de courtoisie ? On a cru, un temps, le savoir. Ce fut même l'occasion d'une singulière aventure archéologique. Les
érudits ont des divertissements que la foule ignore. Ils
font des mariages entre les portraits confiés à leurs soins,
dès qu'ils y voient ce que nos pères appelaient des
« figures à contrat ». Ils se sont demandé où était le mari
de Bianca, et il leur avait paru que, dans cette même
salle de l'*Ambrosienne*, la salle E, il y avait un jeune
homme aux beaux yeux léonardesques, à la forte
mâchoire rasée, coiffé d'une barrette ronde et rouge,
en cupule de gland, qui serait un parti très sortable. Ils
avaient donc décidé que c'était Galeazzo de San Severino. Mais un jour, par malheur pour un si beau projet,
on s'avisa de le laver... Cette opération, d'ailleurs inu-
sitée et hasardeuse, apprit à tout le monde une chose
qu'on n'avait jamais soupçonnée : c'est que ce jeune
homme avait une main, que cette main tenait un papier
et que sur ce papier étaient tracées des notes de musique.
Le chef d'armée retombait maître de chapelle. On croit
que c'est un certain Franchino Gaffurio. Avoir pris le
masque d'un musicien pour celui d'un condottière ne

doit pas nous scandaliser, ni même nous surprendre. On voit fort bien les archéologues de l'avenir prenant un portrait de Reyer pour celui du général de Galliffet. Pourtant, le coup fut rude. De tant de hauts faits d'armes et de gestes héroïques attribués au bon jeune homme à la barrette rouge, il ne lui resta rien que sa portée de musique. Et la belle Bianca, elle-même, lui fut ravie...

Nous devons donc renoncer à connaître ses traits. Pour son histoire, elle est écrite en lettres fleuries et en arabesques d'or, comme en de *Très Riches Heures*, en marge des grandes chroniques de France et d'Italie. Car la faveur des plus grands princes l'accompagna de la naissance à la mort. Celle de Ludovic le More fut extrême et fit de lui à peu près l'égal d'un duc de Milan. « Aucun secret ne lui est étranger », écrivait de lui au Pape Innocent VIII le nonce Gherardi. Voilà pour la politique. Quant aux honneurs, il avait au Castello presque une cour à lui, avec un personnel complet de service, et même une écurie avec ses propres chevaux. « Il me semble, écrivait l'ambassadeur de Ferrare, que messer Galeazzo est duc de Milan, car il peut tout ce qu'il veut et obtient tout ce qu'il demande et désire. »

Le même diplomate, rendant compte des moindres détails de la vie somptuaire du Castello, écrivait un autre jour : « Je veux que Votre Excellence sache que le seigneur Lodovico fait faire très secrètement trois *zornee* (petits manteaux froncés à manches ouvertes, serrés derrière à la taille par une ceinture). Ces trois *zornee* sont de satin cramoisi bordé de très belles perles : l'une pour le duc (Gian Galeazzo), l'autre pour lui-même (le More), la troisième pour messer Galeaz de San Severino, toutes selon le même modèle, qui est une horloge pour sonner les heures avec ses clochettes, sauf que, dans celle du seigneur Lodovico, il n'y a pas de clo-

chettes, parce qu'il ne se soucie pas que la sienne sonne ;
et il y a, sur chaque *zornea*, une devise de deux vers,
comme vous le verrez par la note ci-jointe, et il indiquera
celle que chacun doit porter, et les *zornee*, avec leurs broderies, sont faites secrètement dans les appartements de
Sa Seigneurie. » A tout instant et dans les plus petites
choses, on retrouve ainsi le soin qu'avait Ludovic le
More de traiter Galeazzo comme un égal. Ainsi ce renard
enchaîna ce lion.

Il semblait que la chute de l'un dût entraîner l'autre
et que le duc, ayant perdu son trône, sa fortune et sa
liberté, sans avoir pu terminer aucune de ses entreprises, selon la notation mélancolique de Léonard de
Vinci, la carrière de Galeazzo vînt toucher à son terme.
Il n'en fut rien. Cet enfant gâté du Destin, était destiné
à grandir chaque fois que ses soutiens tombaient. Et
cela, sans même qu'on pût lui reprocher des palinodies
excessives. Au contraire, il excita l'admiration, quelque
temps du moins, par sa fidélité au malheur. Réfugié à
Innsbruck, auprès de l'empereur Maximilien, comme
nombre d'autres partisans des Sforza, vivant dans la
retraite, portant le deuil de la patrie envahie et du souverain déchu, on le vit mettre en œuvre tout ce qui lui
restait de crédit à la cour de France pour obtenir la
liberté du malheureux prisonnier de Loches. Il échoua.
Il revint à la charge. Cela dura quatre ans, ce qui est
beaucoup pour une fidélité politique au XVIe siècle.

Enfin, voyant, après des efforts désespérés, que la
cause du More était irrémédiablement perdue, il pensa
à la sienne propre, aux châteaux et aux terres qu'il avait
laissés en Lombardie, aux 240.000 ducats que lui avait
légués en mourant, sa femme. Pour les ravoir, il fit sa
paix avec Louis XII et comme on ne savait rien lui
refuser, il recouvra, en un instant, tout ce qu'il avait

perdu. Il recouvra plus encore. Il fut chevalier de l'Ordre de Saint-Michel et investi des plus grands honneurs. Quand on feuillette, dans Moreri, la liste des Grands Écuyers de France, on n'est pas peu surpris de voir figurer, après Pierre d'Urfé et avant Jacques de Genouillac, un étranger investi de cette charge, si enviée de tous les Français. Cet étranger « Galéas de Saint-Séverin » n'est autre que le veuf de la petite Bianca.

De ce jour, qui était un jour de 1506, il suivit la fortune du roi de France. Il retrouvait auprès de Louis XII, d'abord, et ensuite de François Ier, ce qui l'avait tant charmé chez Ludovic le More : l'aménité, la courtoisie, le goût des belles choses et des belles-lettres, avec plus de solidité dans les armes. Pendant vingt ans, il fut de toutes les fêtes, de tous les triomphes, en deçà et au delà des monts, même de ceux qui avaient pour théâtre son ancienne patrie. Il fut aussi de toutes les batailles et par le don de sa vie généreusement offerte il racheta un peu les défaillances de sa mémoire. Lorsqu'il fallut payer à la Fortune les incroyables avances qu'elle n'avait cessé de lui prodiguer tout le long de sa vie, il s'exécuta en beau joueur. Il tomba, le 24 février 1525, en couvrant de son corps le roi de France, comme tombèrent l'amiral Bonnivet, le vieux Louis de la Trémoïlle et tant d'autres, dans une des plus sanglantes hécatombes dont l'Histoire ait gardé le souvenir. « Je n'ai plus besoin de rien, laissez-moi ! Allez au Roi ! » fut son dernier cri. Puis, sans doute, il regarda autour de lui : il était dans le parc de Pavie... Comme les nobles bêtes qu'il avait lancées si souvent sous ces futaies, il revenait mourir au lieu même d'où il avait pris sa course vagabonde et glorieuse à travers le monde, près de la chapelle où, trente-six ans auparavant, il avait épousé la petite Bianca. S'il est vrai que les mourants revoient, en un rapide raccourci, tous les

décors de leur vie et surtout les jours radieux de la jeunesse, nul doute que les figures qui se penchèrent alors
sur le « guerrier heureux », pour enchanter son dernier
regard, furent celles que nous venons d'interroger ici :
Béatrice d'Este, Isabelle d'Aragon et Bianca Sforza.

QUATRIÈME PARTIE

BIANCA MARIA SFORZA
IMPÉRATRICE D'ALLEMAGNE

AMBROGIO DE PREDIS : BIANCA MARIA SFORZA,
IMPÉRATRICE D'ALLEMAGNE.

(Musée du Louvre, salle Arconati Visconti.)

BIANCA MARIA SFORZA

OICI un portrait entré au Louvre pendant la guerre, sans bruit, comme un revenant. On l'avait déjà vu, quelque part, ce profil de jeune femme au teint mat, découpé comme à l'emporte-pièce dans un tissu de couleurs claires et appliqué sur un fond noir, avec une illumination de perles suspendues et de pierres précieuses. Où cela ? Dans quelle fête ou réunion mondaine ?... On ne se rappelait plus bien... Mais, certainement, on s'était arrêté, déjà, devant elle et, déjà, l'on avait demandé : « Qui est-ce ? » Puis, un brouhaha d'événements et de cris avait emporté question et réponse. Des années avaient passé ; une génération nouvelle était apparue ; d'autres figures sans nombre, superposées, dans nos mémoires, à l'éphémère image du profil aux perles. Enfin, la grande catastrophe était venue, anesthésiant toutes les curiosités qui n'avaient pas pour objet le salut de la patrie. Et voici qu'après bien des années, dans le musée timidement entr'ouvert, la réapparition de ce petit masque oublié ramène en notre esprit le même désir de connaître, et nous nous demandons, à nouveau : « Y a-t-il une âme derrière ce visage, et laquelle ? »

Il s'agit d'un portrait, peint à la fin du XVe siècle, par Ambrogio de Predis selon les uns, par Bernardino de' Conti selon les autres, et représentant Bianca Maria Sforza Visconti, femme de l'empereur d'Allemagne

Maximilien Ier, lequel portrait se trouve maintenant au Louvre, dans la salle consacrée à la collection Arconati Visconti, touchant la salle Thiers, sous le numéro 5. C'est un des meilleurs morceaux de cette collection si l'on se place au point de vue esthétique et, au point de vue historique, le plus suggestif.

Il est posé de profil gauche, coupant, sans aucune inflexion, avec l'air de regarder attentivement quelque chose en dehors du cadre : — tels les portraits de Béatrice d'Este, au *Pitti* ou à la *Brera*, de l'autre Bianca Sforza, à l'*Ambrosienne*, et de la plupart des Milanaises de cette époque. Le modèle a eu affaire à la même modiste et sort des mains de la même coiffeuse, comme on peut s'en assurer sans quitter le Louvre, si l'on regarde le buste de Béatrice d'Este et la *Belle Ferronnière*. Les cheveux sont plaqués sur la figure comme un bonnet qui clôt exactement le visage, drapant les tempes, les oreilles, presque toute la tête, depuis le coin des sourcils jusqu'à la nuque blanche, qu'ils laissent nue, et là, subitement rassemblés, ils s'étranglent et tombent derrière le dos en un long boudin rigide, le *cuazzone* des Milanaises.

La seule particularité de cette coiffure est qu'elle est frisée et dentelée sur les bords, et que la mèche détachée de « petits cheveulx branslans doulcement à l'air qui pendent comme petites houpettes de bonne grâce », selon le conseil de Pietro Bembo, en ses *Asolani*, n'est pas déroulée et ondoyante, comme d'ordinaire, mais projetée et rigide, telle une aigrette renversée. Le front est ceint d'un fil noir, formé par des perles de jais, qui fait le tour du crâne : c'est la *lenza* des Milanaises, que nous appelons « ferronnière ». Sur la tempe, à l'intersection de ce cercle équatorial et de la ligne descendante de la coiffe dorée, une applique de joyaux échelonnés dans l'ordre habituel : en haut, une petite pierre précieuse, sans doute un diamant ; au milieu, une grande pierre rouge, oblongue et plate, qui ressemble à un rubis, et, au-dessous, une perle en forme de poire qui pend... D'autres perles, rondes celles-là, se suivent en un double collier, dont l'un clôt le cou et pose, sur la gorge, au bout d'un fil rigide un médaillon plat, portant en relief une croix recroisetée, et l'autre glisse de la nuque aux seins et tombe dans le cadre. Entre ces deux cercles globuleux et limpides, on voit descendre encore une chaînette d'or, où sont suspendues trois perles poires, qui s'insinuent au-dessous du médaillon doré.

Tout cela s'enroule ou se déroule sur la peau nue, le corsage étant ouvert en carré jusqu'à l'épaule et bordé par de larges galons d'or, ou broderies de feuillage. Cette toilette est exactement celle des Milanaises de la belle époque : la fin du XVe siècle. C'est une *camora* largement décolletée devant et derrière, d'un vert bleu et probablement en velours. On voit clairement ici que la manche est indépendante du « corps » et d'une couleur tranchante, sans doute primitivement « cramoisi », puis peu à peu devenu orangé rose. Le milieu, qui est le point le plus lumineux du tableau, a été peint en jaune citron, par l'artiste, pour exprimer la décoloration du ton local par la lumière. La manche est rattachée au « corps » par deux nœuds de soie noire aux bouts flottants, non sans laisser gonfler, tout autour de l'épaule, de larges crevés de linge, d'un blanc jauni. La couleur de tout cela n'est sans doute pas la couleur que le peintre a mise et que les contemporains ont vue. Une fouffe de feuilles d'oranger, symbole de mariage, peinte sur le fond, est à peine perceptible. Le fond verdâtre ayant poussé au noir, la chair ambrée et rosée des joues, les lèvres décolorées, et le long cou flexible et pâle luisent en pleine ombre, sans éclairage externe visible, comme une lampe. La masse brune de la chevelure tranche trop avec la résille couleur de blé mûr, et avec le *cuazzone* d'un blanc sale et verdâtre qui tombe dans l'ombre, et, sur toute cette harmonie sourde, vibre mal l'accord plaqué du rubis rouge. Mais l'ensemble des rapports nouveaux produits par les mystérieuses évolutions des couleurs est encore assez plaisant.

Tel quel, ce profil avait déjà été visible, une première fois, sur l'autre rive de la Seine, à l'École des Beaux-Arts, lors de l'Exposition des portraits de femmes et d'enfants, qui eut lieu au printemps de 1897. C'était durant ces jours lumineux et tragiques, où, dans la sérénité d'un ciel pur et bleu, montèrent les fumées d'incendie du Bazar de la Charité. Quelques curieux du passé s'étaient arrêtés là devant ; mais les tapageuses splendeurs des peintres anglais, qui se manifestèrent, en coup de foudre, à cette même exposition : les Reynolds, les Lawrence, empêchèrent l'attention de se fixer sur cette peinture comparativement plate, mince et sèche. Les visiteurs, éblouis par la frimousse frisée de *Lady Price* et le bras nu pendant de *mistress Cuthbert*, passèrent vite devant le modeste profil tracé par Ambrogio de Predis. Il n'est pas sûr que Winterhalter, lui-même, avec son *Enfant au gros chien*, n'ait pas davantage arrêté la foule... Et le portrait de Bianca Maria Sforza, rentré dans l'ombre d'une collection privée, demeura enveloppé de tout le prestige d'un mystère qui n'a pas été pénétré.

Ce n'est pas l'identité du modèle qui est mystérieuse, ni son histoire officielle. Elle est attestée par le plus probant des documents : une médaille du cabinet impérial de Vienne, où l'on voit se profiler les deux têtes superposées de l'empereur Maximilien et de Bianca

Maria Sforza, son épouse, avec cette inscription : *Maximilianus ro. rex. et. blanca. M. coniges. IV* ; l'angle facial de la femme y est sensiblement le même que dans notre portrait. L'identité est corroborée par toutes les autres effigies qu'on a d'elle : un dessin de l'Académie de Venise, où elle est figurée, toujours de profil, sur la même feuille que l'empereur Maximilien ; un portrait restauré du musée de Vienne, où l'on voit ce que serait notre figure du Louvre, posée de trois quarts ; un portrait tout emperlé de la collection Widener, attribué à Ambrogio de Predis et le portrait de trois quarts peint en Allemagne, par Strigel, plus impératrice que jamais, parée comme une châsse et devenue allemande à plaisir, sans parler de sa statue en bronze, qui est à Innsbruck. Partout, on reconnaît le profil moutonnier tracé ici. Le témoignage des contemporains vient encore confirmer cette apparence : « D'expression très douce, d'une taille élancée, le visage beau et bien formé, très agréable en tous ses autres traits physiques et bien proportionnée, mais grêle, » dit d'elle le peintre Lomazzo, qui écrivait au XVIe siècle. Était-elle vraiment jolie ? C'est douteux. Il est vrai, qu'emporté par son lyrisme et aussi par le désir de reconnaître les faveurs du More, le poète toscan Bellincioni, hôte des Sforza, et mauvaise langue s'il en fut, écrivait d'elle :

> *Bianca di perle, e bella più ch'el sole*
> *Dell' ingegno del padre in sè raccolse*
> *E la bellezza da la madre tolse*
> *Che 'l volto ha di rubin, rose e viole.*

Mais nous ne sommes pas tenus de le croire. Notre portrait du Louvre rend très suffisamment justice à son charme, tel qu'il ressort du témoignage de Lomazzo.

Nous sommes donc, sans nul doute possible, en présence de Bianca Maria, fille de Galeazzo Maria Sforza, duc de Milan, et de Bona de Savoie, et devenue, par son mariage, impératrice d'Allemagne.

CHAPITRE PREMIER

A MILAN. — LA PRINCESSE

MAINTENANT quelle femme était-ce ? Regardons-la. Elle reproduit exactement le type « triangulaire court », que les théoriciens du système planétaire placent sous l'invocation de Vénus et la Lune. Quel que soit le nom, dont la fantaisie d'une science conjecturale veuille la décorer, elle en reproduit tous les caractères : un esprit borné, une nature très sensuelle, timide, molle, flottante, une algue ondoyante au gré des remous de la mer, dans le milieu agité où elle est obligée de vivre, bonne dans la mesure où l'on peut être bon sans comprendre le malheur des autres, dévouée jusqu'au point où le dévouement cesse d'être une simple condescendance et devient un effort, probablement familière et sans morgue : — telle est la définition qu'en donneraient, à première vue, les physionomistes.

Sa vie dément-elle ce diagnostic ? Et va-t-elle nous révéler une personnalité beaucoup plus accusée que ce portrait ? Pour le savoir regardons-la vivre [1]. Née en

1. Sur Bianca Maria Sforza, impératrice d'Allemagne, Cf. Luzio et Rénier : *Archivio storico lombardo.* vol. XVII. 1890. — Félice Calvi : *Bianca Maria Sforza Visconti regina dei Romani imperatrice germanica egli ambasciatori di Lodovico il Moro alla corte cesarea.* — Eugenio Casanova : *L'Uccisione di Galeazzo Maria. Archivio storico lombardo.* 1899. Pélissier : *Les amies de Ludovic Sforza et leur rôle en 1498-1499.* Revue historique. 1892. — Francesco Malaguzzi Valeri : *La corte di Lodovico il Moro*

1472, dans l'immense *Castello* de Milan, Bianca Maria
était la fille du duc Galeazzo Maria Sforza, dont nous
voyons ici près le museau pointu, fort semblable à celui
de son frère Ludovic le More, finement sculpté dans un
médaillon, ou *Tondo* de pierre, qui est dans cette salle
Arconati Visconti, au-dessus du haut buffet attribué à
Hugues Sambin, avec l'inscription : *G. M. S. F. D. M.
Quintus*, c'est-à-dire Galeazzo Maria Sforza cinquième
duc de Milan. Sa famille était fort nombreuse. Rarement
petite fille fut plus amplement pourvue d'oncles et de
tantes. On n'en finirait pas de les dénombrer, son père
ayant cinq frères légitimes, parmi lesquels le fameux
Ludovic le More et plusieurs frères naturels, dont on fit
des évêques ou des protonotaires ; plus, trois sœurs
légitimes et une foule d'illégitimes, dont on fit parfois
des nonnes. En sorte que, pour l'enfant, lorsqu'on parlait de ses oncles et tantes, le terme « vie religieuse »
était presque synonyme de bâtardise.

Avec des ascendants aussi nombreux, elle ne pouvait
manquer de compagnons de jeu. D'ailleurs, elle avait
deux frères légitimes, Gian Galeazzo, le futur duc de
Milan, et Ermès, et une petite sœur, Anna, celle qui
devait, avant Lucrèce Borgia, être l'épouse d'Alfonso
d'Este. Puis elle possédait beaucoup de sœurs illégitimes, entre autres, l'héroïne de la famille, la fameuse
Catherine Sforza. La plupart de ces personnages, grands
ou petits, vivaient au Castello, dans la Corte ducale,
entourés d'un peuple de serviteurs, de gardes et de
chambellans, avec un luxe inouï alors en Europe. Ce
furent des jours lumineux que ceux de cette première

<hr>

I. *La vita privata.* — R. de Maulde : *Revue d'Histoire diplomatique.* 1889. —
Gian Paolo Lomazzo. *Trattato nella pittura*, livre VII, chap. xxv. — Corio :
Historia di Milano. — Calco Tristano : *Nuptiæ augustæ.* — Philippe de
Commynes : *Mémoires.* — Machiavel : *Instructions sur l'Allemagne.*

enfance, sous le beau ciel de Lombardie, mais où éclatèrent parfois des coups de foudre.

Son premier souvenir, — elle avait quatre ans et demi, — était tragique. C'était le lendemain de Noël, l'an 1476, jour de saint Étienne. Il faisait très froid ce matin-là : une neige épaisse couvrait les rues, le verglas rendait les chevauchées difficiles. Pourtant, on entendait un grand remue-ménage de cavalerie dans les cours du Castello : son père se disposait à sortir, avec une suite nombreuse de courtisans et d'ambassadeurs, pour aller entendre la messe à San Stefano, selon son habitude, à cette fête. Mais on tâchait de l'en dissuader à cause du mauvais état de la route et aussi, peut-être, parce qu'on avait des pressentiments. Quelque chose de redoutable se nouait dans l'ombre. Quelques jours auparavant, comme le Duc cheminait dans Milan, trois corbeaux avaient obstinément plané au-dessus de sa tête. On n'avait pu parvenir à les chasser. Puis, une comète était apparue, sur laquelle on ne comptait pas. La Duchesse venait de rêver de malheurs... Qu'est-ce que tout cela pouvait présager ? Rien de bon sans doute ; mais le Duc ne s'en alarmait pas. Les prophéties, les avertissements sinistres accompagnent les rois de leur naissance à leur mort : ils n'oseraient faire un pas s'ils s'embarrassaient dans l'écheveau des rêves... Quel danger pouvait-il y avoir à s'en aller entendre la messe à San Stefano ? Galeazzo Maria n'en voyait guère, pour sa part. Il avait coutume, quand il sortait, de porter, dissimulée sous sa *zornea*, ou pourpoint, une cuirasse ou une cotte de mailles. Vous en verrez le bord, dépassant le col de son vêtement si vous regardez attentivement, au Louvre, dans la salle même où est le portrait de Bianca, son médaillon de pierre. Or, ce jour-là, comme on lui présentait cette cuirasse, il la refusa, ne voulant pas, dit-il,

« paraître trop gros ». Pourtant, il avait envoyé chercher ses deux petits garçons, Gian Galeazzo et Ermès, et les avait longuement embrassés. Puis il était parti pour San Stefano.

La petite Bianca avait-elle aussi été appelée à cet adieu ? L'histoire ne le dit pas. Peut-être le père ne s'était-il pas préoccupé d'elle. En tout cas, elle ne devait pas le revoir. Au moment d'entrer dans l'église, un remous se fit dans la foule très dense, et avant qu'on eût pu voir même se dessiner un geste, le duc tomba, baignant dans son sang, tandis qu'un more de sa suite se ruait sur un des hommes qui l'avaient frappé et l'égorgeait, sans s'expliquer davantage. Conspiration politique, ou vengeance personnelle, le meurtre ne réussit guère à ceux qui l'avaient perpétré, mais la paix lombarde — et même européenne — était pour longtemps compromise. Ce fut le mot du Pape Sixte IV, en apprenant la catastrophe, et il ne devait que trop se réaliser.

Un autre souvenir d'enfance, qui devait avoir marqué dans la mémoire de Bianca, était la venue au palais de son oncle Ludovic le More, parce que cette venue, ou plutôt ce retour, avait tout changé autour d'elle, les lieux et les visages. Un beau jour de novembre 1480 — elle avait alors huit ans — on l'avait séparée de sa mère, emmenée avec ses frères Gian Galeazzo et Ermès, de la Corte ducale, où elle avait vécu jusque-là, chez son oncle, à la Rocchetta. C'était tout auprès, à quelques pas et dans l'enceinte du même Castello, mais c'était d'autres appartements et parmi d'autres figures, où régnait en maître Lodovico Maria Sforza, duc de Bari : le More. Sa mère venait bien la voir de temps en temps, mais de moins en moins souvent, — et puis elle finit par ne plus venir du tout, étant retournée en Savoie, qui était son pays natal. La petite voyait donc à·la fois tomber du ciel un oncle inconnu et partir sa mère pour des pays sauvages. Qu'est-ce que cela voulait dire et pouvait bien présager ?

C'était simplement le dernier acte d'une tragi-comédie, où la duchesse régente, Bona, avait perdu la tête et où son premier ministre avait laissé la sienne. La petite Bianca n'y avait joué aucun rôle, sa destinée n'en devait nullement être modifiée. Si elle s'en apercevait, c'était seulement pour les changements apportés dans son entourage. Voici ce qui était arrivé. Son père, en mourant, avait laissé quantité de frères, qu'on ne voyait plus au Castello, depuis sa fin tragique, parce qu'ils étaient mal avec le premier ministre, l'homme qui, sous le nom de la duchesse régente, et du jeune prince héritier Gian Galeazzo, gouvernait l'État : Cico Simonetta, délié politique et vieux serviteur des Sforza, et, s'il faut en croire un document des *Missive ducali*, caricaturiste à ses heures. Ce Cico Simonetta gérait fort bien les affaires de l'État, mais à condition de tenir éloignée toute la famille Sforza et de mater les seigneurs lombards. Il amassait donc sur sa tête les haines des grandes familles de Milan : les Pusterla, les Landriano, les Borromeo et autres. Longtemps, il put les narguer et narguer aussi tous les frères du défunt duc, même le duc de Bari (le More) parce qu'il tenait sous son influence la duchesse régente.

Mais le jour vint, où cette dame pieuse, sotte et mûre et « qui estoit de petit sens », dit Commynes, s'avisa de tomber amoureuse « d'un jeune homme qui tranchait devant elle, natif de Ferrare, de petite lignée ». C'était un simple valet de chambre du feu duc, qui s'appelait Antonio Tassino. Bientôt, il ne fut bruit, à la Cour et à la ville, que de cette passion. Comme elle prêtait à rire, le vieux Simonetta en fit la remarque à sa souveraine et la gourmanda sur son peu de dignité ducale. De ce jour, il fut perdu. Toute une vie de labeur au service des Sforza ne pesa rien en regard des longues boucles et des beaux yeux du jeune écuyer tranchant. Le More, qui rôdait autour des États de son neveu, sut la chose, perdit toute vergogne, noua des intelligences avec le « maître de l'heure » et s'en vint secrètement à Milan et jusqu'au Castello, dont une porte dérobée, une porte du jardin, lui fut ouverte. Il était dans la place, et réconcilié avec sa belle-sœur, avant que le ministre tout-puissant en eût vent.

Quand Cico Simonetta connut enfin l'aventure, il ne put que gémir. « Prenez garde dit-il à sa souveraine, j'y laisserai ma tête et vous, avant longtemps, vous perdrez votre trône ! » Vaines paroles aux oreilles d'une veuve énamourée ! Ce que le beau Tassino voulait, elle ne savait plus ne le pas vouloir. Et puis le More était un rude partenaire. Il joua un jeu fort serré. En peu de temps, il fit d'abord arrêter et exiler Cico Simonetta, décapiter ensuite. Puis l'écuyer Tassino ne pouvant plus lui servir de rien, il le renvoya honteusement à Ferrare, d'où il était venu. Bientôt après, il enlevait à la duchesse ses enfants pour les garder avec lui, dans la Rocchetta, le « réduit », où il s'était établi. Quant à elle, privée de son autorité, privée de ses enfants, privée enfin de son amant, elle prit le parti de retourner en Savoie. Mais elle fut arrêtée par les soins de son beau-frère à Abbiategrasso, et retenue dans une demi-captivité, d'où elle poussait de hauts cris, mal entendus par l'Europe et encore moins écoutés.

Toutefois, quelques années après, la jeune Bianca devait voir revenir sa mère. Ce fut à l'occasion du mariage de son frère, le jeune duc de Milan, Gian Galeazzo avec sa cousine Isabelle d'Aragon, fille du roi de Naples, —

événement qui eut lieu en janvier 1489. Elle y joua elle-même son rôle, étant désignée pour recevoir sa jeune belle-sœur à l'entrée du Castello et lui en faire les honneurs. Et le faste déployé pour ces cérémonies l'amusa sans doute comme une répétition générale de ce que seraient ses propres noces à elle, dont on parlait toujours sans les réaliser jamais. Ce n'est pas qu'elle manquât de prétendants. A deux ans, elle était déjà recherchée, en justes noces, par Philibert Ier duc de Savoie, de sept ans plus âgé qu'elle. La duchesse de Milan, Bona, promettait 100.000 ducats de dot quand le jeune prince épouserait sa fille, c'est-à-dire quand elle aurait douze ans accomplis et lui, dix-neuf. Mais le fiancé mourut le 22 avril 1482. Elle n'avait que dix ans. Elle pouvait se refaire une existence. Deux ans après, derechef, on parla de la marier au duc Albert de Bavière, dit le Sage, un des hommes casqués et tout en fer, qui se tiennent debout, la visière levée, à Innsbruck, autour du tombeau de Maximilien. Mais cet Albert le Sage fut trop sage, en effet, pour épouser cette enfant.

On lui offrit ensuite le comte d'Humad, fils naturel de Mathias Corvin, le roi de Hongrie. Elle avait alors quinze ans. Cette fois, c'était sérieux. Elle apportait 100.000 francs en or et 50.000 en choses précieuses, *in jocalibus*, disent les mémoires du temps. En 1489, tout était réglé : elle se disposait à partir, en grand apparat, pour aller trouver son mari, avec une suite de six cents personnes. On se préparait à costumer tout ce monde en « habits longs, » parce que les gens de Hongrie abominaient « ces habits courts qu'on porte ici », dit un contemporain. Il y avait, là, des gentilshommes, des évêques, des protonotaires et des dames, entre autres *quattro matrone di gravità*, un cortège à éblouir l'Europe et à répandre bien loin aux pays « estranges » le renom du duc de Milan. Pourtant on ne partit pas... Pourquoi ce projet avorta-t-il ? On ne le sait pas. On sait seulement que les prétentions de la jeune fille grandissaient à mesure que les prétendants s'évanouissaient à l'horizon. Un duc de Savoie mort, c'était un roi futur qu'on avait en vue, du moins, un prince qu'on croyait assuré de régner. Le roi défaillant, ce fut un empereur. Toujours dans des pays de montagnes, et caché par des montagnes de plus en plus hautes. Cela faisait l'effet d'une ascension.

Par delà, en effet, le cirque des monts chenus qui bornent le monde derrière les belles têtes pensives des femmes de Léonard de Vinci, au delà des lacs plats et clairs, où s'enfoncent les chemins recourbés en S, qui enlacent de leurs replis la base des pyramides bleues, au pays des lansquenets et des reîtres, vivait un prince rempli d'immenses espérances — les espérances de Charlemagne, — mais atteint d'une incurable maladie, que ses contemporains appelaient, de l'autre côté des Alpes, *mancamento del dinaro* et de ce côté-ci, « impécuniosité ». — « Grand lansquenet qui estoit le plus pauvre Prince d'Allemagne », dit un témoin, parce que, explique Commynes, « son père était le plus parfaitement chiche homme, prince que aultre, qui ayt esté de notre temps ». — Au reste, un des plus beaux cavaliers et des plus braves, le plus savant en armes et en lettres, le plus affable et le plus fertile en grandes pensées qu'on pût voir. Il possédait les charmes subtils des enchanteurs, le savait et s'en servait pour dessiner, dans les imaginations des hommes, un Empire comme on n'en aurait jamais vu depuis sept siècles. Pour l'appeler par son nom, c'était l'archiduc d'Autriche, Maximilien de Habsbourg, fils de l'empereur Frédéric et déjà roi des Romains, c'est-à-dire empereur en expectative.

Tous ces titres ne l'empêchaient pas de poursuivre un

riche mariage, fût-ce au prix d'une mésalliance. Il n'en était pas à son coup d'essai. Il en avait déjà fait un assez opulent. Quand on se promène dans le palais des ducs de Bourgogne, à Dijon, ou dans les vignobles de Beaune, si l'on tâte du pied la terre et de la main le marbre, le bronze ou l'or, on éprouve jusqu'où le flot de son ambition aurait pu venir et ce qu'il aurait pu submerger. Car la femme qu'il avait épousée, en premières noces, n'était autre que Marie de Bourgogne, fille et unique héritière de Charles le Téméraire. Il n'avait eu qu'à s'en louer. Elle « estoit très honneste dame et liberalle et bien voulue de ses subjectz et luy portaient plus de révérence et de craincte que au mary. Elle aymait fort son mary et estoit de bonne renommée », dit Commynes. Mais il l'avait perdue, après cinq ans de mariage, et il avait perdu aussi le plus clair de son héritage. Il y avait déjà onze ans de cela et, depuis lors, il méditait un fructueux établissement.

La Bretagne lui aurait convenu assez et, pour y régner, il avait épousé, par procuration, la duchesse Anne. Celle-ci avait même déjà pris le titre de Reine des Romains, lorsque Charles VIII, sur cet échiquier bizarre qu'était la politique au XVe siècle, réussit à la souffler au futur empereur et en fit sa femme. D'où, brouille mortelle avec la France. Maximilien se retourna donc assez volontiers vers la fille du duc de Milan, la nièce du More, c'est-à-dire notre Bianca Maria Sforza. Elle n'apportait point de terre, mais de l'or : 300.000 ducats en dot proprement dite, et 100.000 de plus, secrètement, pour assurer à son oncle l'éventuelle investiture du duché de Milan. N'était-ce pas bien cher payer un titre chimérique et une aide plus chimérique encore, quand on songe à toutes les montagnes que les lansquenets de Maximilien devraient traverser, s'il leur fallait jamais

venir au secours du nouvel oncle de leur roi ? C'est ce
que la suite apprendrait sans doute.

En attendant, à la fin de l'année 1493, Milan était tout
à la joie d'avoir enfanté une impératrice. On méprisait
maintenant les princes et les rois, dont on avait, depuis
vingt ans, rêvé de faire des gendres. L'imagination des
poètes évoquait les plus grands princes de la Chrétienté,
les dépeignait offrant successivement leurs filles à Maximilien, *con gran tesoro e infinite promesse*, mais le Roi
des Romains,

Lassando gli altri sconsolati in doglie
Madonna Biancha tolse per sua moglie.

Naturellement, il ne l'avait jamais vue : l'histoire ne
dit même pas qu'il eût, quand il l'épousa, quelque idée
de sa figure, comme nous qui connaissons, du moins,
son portrait, et il ne devait pas la voir de sitôt. Telles
étaient les inclinations royales de ce temps. Le mariage
se célébrait fort bien sans le fiancé. A sa place, on vit
arriver, à Milan, le 6 novembre, ses ambassadeurs, Gaspar
Melchiorre, évêque de Brixen, et Giovanni Bontempo.
Ils furent reçus en grande pompe à l'entrée de la porte
orientale, à peu près comme l'eût été l'empereur lui-
même, par le jeune duc, Gian Galeazzo, par son frère
Ermès et par leur oncle Ludovic le More. Et le dernier
jour du mois, c'est-à-dire le 30 novembre, fête de saint
André apôtre, eurent lieu les noces les plus somptueuses
que l'Italie de la Renaissance se fût offertes jusque-là.

On avait mis, sous un arc de triomphe, la maquette
de la colossale statue équestre de Francesco Sforza, par
Léonard de Vinci. Les rues menant du Castello au Dôme,
lequel commençait à s'élever dans les airs, étaient pavoisées de tapisseries, de tentes, de drapeaux, et de guirlandes de lierre, toutes les fenêtres garnies de têtes

curieuses. Partout, l'on voyait étalées, variées et répétées à profusion, les armes des deux époux : l'aigle allemande déployant, en un double éventail, ses ailes déchiquetées en lanières, et la *vipera* ou le *biscione* des Sforza, hérité des Visconti, c'est-à-dire ce gros serpent, à tête de dragon, se tortillant en serpent de paroisse et engloutissant un enfant, que vous verrez dans cette même salle Arconati Visconti au Louvre, si vous vous retournez vers la paroi opposée au portrait de Bianca.

Il est là, figuré en un bas-relief de terre cuite peinte, sous le n° 30, avec un casque ducal emplumé d'un magnifique cimier. Quoique ce ne fût pas précisément le symbole des Sforza, qui en avaient une foule d'autres, mieux appropriés à leur caractère, c'était celui dont ils se targuaient le plus volontiers et qu'ils mettaient le plus en évidence, surtout quand il s'agissait de s'apparier aux dynasties anciennes. C'étaient les armes adoptées par Ottone Visconti, au temps de la première croisade, en souvenir d'un combat contre un Sarrasin, lequel portait sur son bouclier cette image d'un gros serpent, un boa, faudrait-il dire, engloutissant un enfant. Les fleurs de lys d'or sur fond bleu, qu'on voit au même bas-relief, ont été ajoutées à ces armoiries par Gian Galeazzo Visconti, à cause de sa parenté avec la maison de France, ou bien de son alliance avec Charles VI.

Tout cela rehaussait, à leurs propres yeux, les Sforza. Ils en avaient besoin, s'il faut en croire Commynes. Car, dit-il, « le mariage a fort despleu aux princes de l'Empire et à plusieurs amys dudit roy des Romains, pour n'estre de maison si noble comme il leur semblait qu'il luy appartenoit ; car du cousté des Vicontes (dont s'appellent ceulx qui règnent à Milan), — l'auteur veut dire les Visconti prédécesseurs des Sforza, — y a poy noblesse et moins du costé Sphorce, dont estoit filz le duc Francisque de Milan, car il estoit filz d'ung cordonnier d'une petite ville appelée Contignolles (Cotignola). » Aussi, peut-on croire que, dans leur frénésie à se rattacher aux Visconti, les Sforza firent flotter ce serpent dévorateur au-dessus de la tête de Bianca, presque à chaque pas qu'elle fit dans la ville.

La fête fut très belle et le cortège fort bien ordonné. Bianca était accompagnée de sa belle-sœur la duchesse de Milan, Isabelle d'Aragon, et de sa jeune tante Béatrice d'Este. Elle passa sur un char triomphal, traînée par quatre chevaux blancs, entourée de chevaliers, parmi lesquels le beau Galeazzo de San Severino, le futur grand écuyer de France, pour le moment chef suprême des armées ducales, et les ambassadeurs de tous les pays connus alors, y compris la Russie. Aux fenêtres pendaient des tapisseries, telles que, dit un poète :

Non han Barbari, Fiandra e la Turchia.

L'archevêque de Milan, Arcimboldi, chanta la messe solennelle et couronna Bianca. Son oncle, le More, était aux anges et sa mère, Bona, oubliant tous ses maux passés, pleurait de bonheur. Le peuple ne fut pas moins transporté. On dansa dans les rues, on jouta ; la nuit, il y eut tant de flammes et des lumières, qu'on eût dit qu'un incendie dévorait la ville. Bref, ce fut un mariage incomparable et unique dans les fastes de la ville, où il ne manqua que le marié. La populace fut peut-être bien un peu déçue de ne pas voir défiler un Empereur, mais on lui montra, pour la dédommager, un crocodile, arrivé récemment, ce qui n'était pas une moindre nouveauté pour elle, ni une plus mince attraction.

Au reste, si nous voulons nous représenter cette cérémonie européenne et quasi mondiale, tout entière déroulée autour de notre profil du Louvre, lisons cette lettre adressée par Béatrice d'Este, peu de jours après, à sa sœur Isabelle, la fameuse marquise de Mantoue :

« Très Illustre Dame et très chère sœur,

« Je vous ai dit il y a quelque temps, que je vous raconterais en détail la triomphante cérémonie qui a eu lieu à Milan, pour le mariage de la sérénissime reine des Romains et quoique j'aie certainement donné ordre au secrétaire de vous envoyer ce compte rendu, puisque vous m'écrivez qu'il ne vous est jamais parvenu, la faute doit en être imputée au secrétaire et vous devez m'excuser pour cette apparente négligence.

« Le dernier jour du mois passé, le mariage a eu lieu et, en prévision de cette solennité, un portique a été élevé devant l'église principale de la cité de Milan, avec des colonnes de chaque côté, soutenant un dais violet brodé de colombes. A l'intérieur de l'église, les bas-côtés étaient tendus de brocart jusqu'au chœur, devant lequel on avait élevé un arc de triomphe sur des piliers massifs. Celui-ci était entièrement peint et on y voyait au milieu une figure du duc Francesco à cheval, vêtu de la robe ducale, et, au-dessus, les armes ducales et celles du roi des Romains. Cet arc de triomphe était de forme carrée et orné de tableaux représentant des solennités antiques. Les insignes impériaux et les armes de mon mari étaient placées sur le côté regardant le maître-autel. Au delà de cet arc, s'élevaient des marches qui conduisaient à une grande estrade élevée devant le maître-autel. A gauche, était une petite tribune, tendue de brocart d'or, où l'on chanta l'Evangile, et à droite, une autre ornée de brocart d'argent, et derrière ces tribunes étaient des bancs rangés avec ordre et drapés pour les conseillers et autres feudataires et gentilshommes. Aux deux bouts du chœur étaient deux plates-formes élevées, l'une pour les chanteurs, l'autre pour les trompettes et, entre les deux, siégeaient les docteurs en droit et en médecine avec leurs barrettes et leurs manteaux bordés de fourrure, chacun placé selon son rang. L'autel, lui-même, était somptueusement orné des vases d'argent et des images de saints en argent que vous avez dû voir à la Rocchetta, quand vous êtes venue à Milan.

« La rue conduisant au Dôme était magnifiquement décorée. Les colonnes enguirlandées de lierre se succédaient sur tout le parcours, depuis les remparts du Castello jusqu'au bout de la place et, entre les colonnes, des guirlandes de rameaux portaient des cartouches avec des emblèmes antiques et des boucliers

ronds avec les armes impériales et celles de notre maison. Au-
dessus de la rue, depuis le Castello jusqu'au Dôme, étaient tendus de draps à la Sforzesca. A beaucoup de portes, les colonnes
étaient décorées de lierre et de feuillages verts, en sorte qu'il
semblait que l'on fût au mois de mai. Des deux côtés de la rue,
les murs étaient tendus de satin, sauf les maisons qui ont été
récemment ornées de ces fresques qui se font maintenant sur les
demeures dé Milan et qui ne sont pas moins belles que des tapisseries.

« Le matin de ce jour, à neuf heures environ, les révérends et
magnifiques ambassadeurs du Roi des Romains chevauchèrent
jusqu'à l'église, escortés par le marquis Ermès, le comte de Caiazzo,
le comte Francesco Sforza, le comte da Melzo et messer Ludovico
de Fojano, et prirent place sur la grande estrade, dans la petite
tribune couverte de drap d'or, à votre gauche en entrant, ceci
étant considéré comme le côté le plus honorifique, puisque c'est
le côté de l'Évangile. A dix heures, la sérénissime Reine monta
dans le char de triomphe que notre très chère Mère, de révérée mémoire, me donna quand j'étais à Ferrare et qui était traîné par
quatre chevaux blancs.

« La Reine portait une toilette de satin cramoisi brodée de
rayures d'or et couverte de pierres précieuses. La traîne était
immensément longue et les manches à guarnazzone que leur forme
faisait paraître comme deux ailes, produisaient un effet splendide.
Sur la tête, elle portait une parure de magnifiques diamants et
de perles et, pour ajouter à la solennité de la chose, messer
Galeazzo Pallavicino portait la traîne et chacun des comtes Con-
rado de' Lando et Manfredo Torniello portait une des manches.
Devant la mariée, marchaient tous les chambellans, courtisans,
« officiers », gentilshommes, feudataires, et, en dernier lieu, les
conseillers. La Reine était assise au milieu du char, la duchesse
Isabelle à sa droite, et moi à sa gauche. Ladite duchesse portait
une camora de satin cramoisi, avec des cordons d'or tressés par-
dessus, comme dans ma camora de toile grise dont vous devez vous
souvenir pour l'avoir vue dans ma garde-robe. Et moi, je portais
une *camora* de velours violet avec un volant et, brodées par-dessus,
les chaînes entrelacées en or massif émaillé, le fond en blanc et les
chaînes en vert comme de juste, — lesquelles chaînes ont une demi-
brasse de hauteur. De même, il y avait des chaînes au corsage devant
et derrière, et les manches semblaient fixées par ces mêmes chaînes.
La *camora* avait quelques doublures de toile d'or et, par-dessus
le tout, un cordon de Saint-François fait de grosses perles et, au
bout, à la place du bouton, un beau rubis balais sans feuilles.

« De l'autre côté du char, étaient Madonna Fiordelise (fille naturelle du duc Francesco Sforza), Madonna Bianca (fille naturelle

de Ludovic le More), épouse de messer Galeazzo, et la femme du comte Francesco Sforza. Derrière, suivaient les ambassadeurs envoyés par sa Très Chrétienne Majesté de France pour honorer ces noces. Ensuite, venaient les envoyés des différents Etats italiens, selon leur rang, avec le seigneur duc et mon mari à cheval. Derrière, suivaient environ douze chars contenant les plus nobles demoiselles de Milan spécialement choisies et invitées pour assister à la solennité, et les dames de la Reine portant toutes le même costume uniforme, c'est-à-dire des camoras de satin couleur tan et des manteaux de satin vert clair. Les dames de la duchesse Isabelle et les miennes étaient pareillement dans ces chars. Et lorsque nous gagnâmes le Dôme, dans cet ordre, les boutiques et les fenêtres, tout le long du chemin, étaient tendues de draperies de satin et pleines d'hommes et de femmes, de telle sorte qu'il eût été impossible d'évaluer les foules qui s'entassaient à tous les coins des rues.

« Lorsque nous fûmes arrivés à la porte du Dôme, nous descendîmes des chars et nous avançâmes jusqu'aux marches de l'estrade, où les ambassadeurs du Roi des Romains s'avancèrent audevant de la Reine, qu'ils conduisirent à sa place sur la grande estrade, devant le maître-autel. Alors nous prîmes tous les places qui nous étaient réservées, c'est-à-dire que les ambassadeurs montèrent dans la tribune couverte de toile d'or, la Reine fut conduite à la tribune de brocart d'argent, entre les ambassadeurs français, tandis que derrière eux étaient assis les envoyés des autres puissances, le duc et mon mari, la duchesse et moi. Les autres parents de la mariée occupaient un rang de sièges plus bas, et la partie centrale de la tribune était remplie d'un grand nombre de dames. A côté de la Reine, les conseillers, feudataires et autres courtisans, « officiers » et chambellans occupaient le reste des sièges. Quant à la foule, l'église, qui est très vaste, ne pouvait pas la contenir tout entière.

« Lorsque nous fûmes tous en place, le très révérend archevêque de Milan fit son entrée en grand costume avec les prêtres de l'ordinaire et commença la célébration de la messe avec la pompe la plus solennelle, au son des trompettes, des flûtes et des orgues, joint aux voix du chœur de la chapelle, qui réglait son chant sur Monseigneur. A l'Evangile, deux des prêtres de l'ordinaire de la cathédrale offrirent l'encens, l'un aux ambassadeurs du Roi Maximilien et les autres à la Reine, au duc et à la duchesse, à mon mari et à moi, qui étions en face. La Paix fut donnée, lorsque le moment fut venu, par l'évêque de Plaisance, aux représentants du Roi et à nous autres, qui étions dans l'autre tribune, par l'évêque de Côme. Après que la messe eut été célébrée avec la plus grande solennité, la Reine se leva de sa place entre les ambassadeurs du Roi Très Chrétien et accompagnée par le duc et par mon mari, la duchesse Isabelle et moi, et suivie par tous les princes du sang, elle avança vers l'autel.

Les ambassadeurs du Roi Maximilien s'avancèrent de leur côté et tous nous nous tînmes devant l'autel, où Monseigneur l'archevêque célébra le mariage et l'évêque de Brixen remit d'abord l'anneau à la Reine puis, assisté de l'archevêque, plaça la couronne sur sa tête, — ce qui fut salué par de grands éclats de trompettes, sonneries de cloches et coups de canons. La dite couronne était d'or, enrichie de rubis, de perles et de diamants, construite en forme d'arceaux qui se croisent par le milieu et sur le sommet était une image du globe, surmontée d'une petite croix impériale, d'après le modèle donné par les ambassadeurs, selon les instructions de leur Roi.

« Après quoi, chacun alla en procession aux portes du Dôme, les feudataires ci-dessus désignés portant la traîne et les manches. Ensuite, les femmes, aussi bien que les hommes, montèrent à cheval et un baldacchino de damas blanc doublé d'hermine fut préparé, sous lequel la Reine chevaucha, précédée par les ambassadeurs et toute la Cour, avec le duc et mon mari à leur tête.

« A côté de la Reine chevauchaient les ambassadeurs de son mari le Roi, l'évêque de Brixen étant à sa gauche, en dehors du baldacchino et, de la sorte, le long cortège se mit en mouvement vers le Castello... Le baldacchino fut porté tout le long de la route par les docteurs en robes, comme il a été dit plus haut, et derrière la Reine chevauchaient la duchesse et moi-même, suivies par les parents, les courtisans et les invités, tous à cheval. Ensuite, venaient les dames de la Reine, celles de la duchesse et les miennes, toutes somptueusement vêtues et faisant un effet splendide. et la plus belle de toutes était la Reine, avec la couronne impériale sur la tête. On ne voyait que brocart d'or et d'argent et les gens les moins bien mis portaient du velours cramoisi, de sorte que les toilettes étaient un coup d'œil merveilleux, sans parler des innombrables chaînes d'or portées par les chevaliers et les autres. Tous les assistants convinrent qu'ils n'avaient jamais vu un si magnifique spectacle et l'ambassadeur de Russie, qui était parmi eux, déclara qu'il n'avait jamais vu une pompe aussi extraordinaire. Le nonce de sa Sainteté le Pape s'exprima de même, aussi bien que l'ambassadeur de France, qui déclara que, quoi qu'il eût assisté au couronnement du Pape et à celui de ses propres roi et reine, il n'avait jamais vu quelque chose de plus splendide. Votre Excellence peut juger, par là, à quel point ces noces ont été plaisantes et glorieuses. Toute la foule poussait des cris de joie et cela jusqu'à ce que nous attei-

gnîmes le Castello de Milan, où le cortège se disloqua et le
peuple fut dispersé. J'ai bien des fois regretté votre absence
durant toute la cérémonie, et puisque mon désir n'a pu être
satisfait, j'ai pensé qu'il serait bon que je vous en écrive le récit
de ma propre main.

« En me recommandant à votre Excellence, comme toujours,
votre sœur

« *Beatrix Sfortia Vicecomes Estensis Duchissa Bri.* »

Viglevani, XXVIIII Décem. 1493.

Ce que Béatrice ne dit pas et ce qui aurait peut-être
intéressé aussi sa sœur Isabelle, c'est ceci. Outre une
splendeur d'armures et de costumes, un déploiement de
force et de luxe, que nous pouvons imaginer par le peu
qu'il en reste dans les Musées, lorsque nous songeons que
pas un objet, si humble fût-il, n'était dépourvu d'une
intention décorative et que, jusqu'aux engins qui tuent,
tout portait la marque de l'Art qui donne du prix à
l'existence, il y avait, là, des âmes : — un faisceau d'intelligences et de sensibilités qui rendaient dignes de
mémoire les moindres incidents de la fête. Nous connaissons les figures qui se pressaient, ce jour-là, dans la
cathédrale ébauchée. Elles nous sont plus familières et
nous les reconnaîtrions plus vite, dans une foule, que
celles d'un mariage royal sous Louis XIV ou du *Sacre*
de Napoléon, leurs trait étant beaucoup plus fortement
caractérisés. A quelque témoin modeste et discret, assis-
tant à leur défilé, dans un des bas côtés de l'église, elles
apparaissaient, de profil, le nez tourné vers l'autel,
comme elles nous apparaissent aujourd'hui dans leurs
médailles, ou leurs portraits. Ce museau doucereux et
fermé, en tête de poisson, c'est Ludovic le More. Cette
figure joufflue et délibérée, c'est Béatrice d'Este. Voilà
le duc Gian Galeazzo, dont le profil flexible et pâle rappelle un peu les Sforza, mais trop sa mère, et la voilà

elle-même, la duchesse Bona, tête grasse, sensuelle et à l'évent. Ensuite, passent Erasmo Brasca, dont le nez en l'air et l'œil en éveil semblent annoncer le flaireur des secrets diplomatiques, Landriano, long, astucieux, plissé comme son sac de trésorier, Giasone del Mayno, reconnaissable à sa rare laideur, à son nez aplati et rentrant dans la bouche, et tant d'autres fameux docteurs qui ont immortalisé l'école de Pavie. Il n'est pas défendu de chercher et de reconnaître aussi, dans cette foule, — que ce soit la Crivelli ou une autre, — la dame qui posa pour le portrait que nous appelons la *Belle Ferronnière*. Et il est certain qu'on y voyait Cecilia Gallerani, méconnaissable, il est vrai, sous le nom respectable de Comtesse Bergamini, — car une femme célèbre sous son propre nom, semble, en prenant le nom de son mari, prendre un pseudonyme. Enfin, on peut imaginer le front sans couronne, que hantaient d'autres rêves, et que courbaient d'autres soucis, contemporain de tous les siècles, que le hasard, peut-être, a conduit là, pour sauver tout ce monde et ce jour de l'oubli...

Ce ne fut pas seulement une cavalcade qu'on offrit en pâture à la curiosité publique : ce furent les corbeilles de mariage. Les dames de Milan, admises à défiler devant le trousseau de Bianca, qu'on avait exposé, selon l'usage, dans une des salles du Castello, ouvrirent de grands yeux en voyant tout ce qu'il contenait. Nous en ferions autant et peut-être croirions-nous être entrés, par mégarde, dans une salle de musée, si nous voyions tout ce que cette petite personne devait traîner derrière elle à travers les défilés des Alpes Rhétiques, pour se croire convenablement nippée.

Car il n'y avait pas, là, seulement des robes, du linge, des broderies, des bijoux, c'est-à-dire dix-huit *camoras* comme celle qu'elle porte ici dans ce portrait : de velours

vert avec le volant de satin cramoisi, ou de soie ondée
verte avec fleurs de sureau et le volant de velours cramoisi, ou encore de brocart d'or vert, tissé en relief avec
des raisins d'argent ; puis des *vestiti*, ou grands habits
de cérémonie ; des *sbernias* ou mantelets flottants de
brocart d'or, cramoisi, garnis de diverses fourrures ou
de soie ondée blanche, *tabi*, avec un volant d'or brodé
tout autour, ou de brocart d'or tissé en relief et fourré
de zibeline, de chat espagnol, ou doublé de soie légère,
sendale ; d'autres manteaux encore, appelés *tavardette ;*
des *roboni*, longues tuniques bordées de fourrures et des
tuniques à la turque de velours bleu azur, doublées de loup
cervier ; des crépons et des escoffions d'or, d'argent et
de soie, l'or et l'argent étant tressés en nœuds, avec des
flots de soie violet foncé et incarnat ou avec des flots de
toile verte et de soie cramoisie, ou de soie verte et noire ;
des escoffions de gazes de diverses couleurs brodés d'or ;
des *lenzas*, ou ferronnières d'or, combinées avec de la
soie noire ou cramoisie, ou violet foncé ; des gorgerettes
de gaze brodées d'or, — une d'elles de gaze noire brodée
d'or et d'argent avec des flots de soie cramoisie ; — des
mules avec des broderies d'argent, des bas, des chaus-
sures, des ceintures, dont chacune était un objet de
vitrine ; puis la lingerie : de la toile de Reims ou de la
toile de Cambrai, des taies d'oreillers, avec des broderies
compliquées représentant des figures d'hommes et d'animaux, travaillées *subtilissimamente*, dit l'inventaire :
un éblouissement de neige et d'or, avec, parfois, d'autres
couleurs inattendues ; vingt-cinq chemises de toile de
Reims garnies de soie noire ; des chemises de toile de
Cambrai avec des manches longues jusqu'à terre, garnies
de nœuds d'or et de soie verte ; des peignoirs ; des man-
tilles avec des nœuds d'or ; des draps de lit de Cambrai,
des *drapamenti* et des *sparaveri* de Cambrai brodés d'or

et d'argent ; des coussins de brocart d'or et de velours, ronds et carrés ; des housses de toile de Reims pour la voiture ou pour la litière ; des taies d'oreiller de Reims et, enfin, des boîtes pleines de parfums, — bref, toutes les choses qu'on peut s'attendre à voir dans un trousseau, y compris, — ce qui doit nous donner une haute idée des labeurs présumés de la princesse — 8.000 aiguilles, 9.000 épingles et six dés d'argent.

Les bijoux, aussi, extraits ce jour-là de la Tour du Trésor, pour former une partie du trousseau, qui fut estimé en bloc 70.000 ducats, enflammaient, de leurs feux croisés, les curiosités et les convoitises. Il y avait, là, mainte parure compliquée due aux habiles *orafi* de Milan : des colliers faits d'innombrables perles ; des pendentifs ; un *iesus* de diamants, un joyau en forme de *brustia*, une *rosetta* et plusieurs combinaisons de pierres semblables à celles que Bianca porte, en applique sur la tempe, dans notre portrait du Louvre, c'est-à-dire : un grand rubis balais plat, un diamant gros, à facettes et une grosse perle pendante, le tout valant 4.000 ducats d'or, ou 32.000 francs, lesquels avaient une valeur acquisitive infiniment plus grande alors que de nos jours.

Mais tout cela se verrait encore dans un trousseau. Ce qui transformait cette pompe nuptiale en une exposition universelle des arts décoratifs, c'est que les selliers, les gainiers ou *astucciari*, les « argentiers », ciseleurs et les forgerons y avaient envoyé aussi leurs œuvres : des « selles pour la personne de Sa Majesté » tantôt de velours cramoisi, tantôt de brocart d'argent bleu azur, ou encore de velours vert ou turquin, ou *beretino*, où de satin turquin, ou de damas turquin, et, auprès des selles, des mors d'argent ; d'autres selles, au nombre de douze, de satin bleu azur et douze autres de *panno tramontano* « pour les dames de Sa Majesté », enfin de gros ustensiles tels qu'un brasiero et de la vaisselle d'argent, vases, plats, aiguières « pour la crédence » ou le buffet ; des calices, ciboires et autres vases d'argent, et des ornements sacerdotaux « pour la chapelle » avec bien d'autres objets d'utilité sacrée, tels qu'un *sedelino da aquasancta cum l'asperges*, achevaient de lester cette édifiante corbeille de noces.

C'était bien beau et on peut le croire, même en l'absence de textes qui l'établissent, la plupart de femmes de Milan, ce jour-là, envièrent follement la destinée de leur petite princesse. Pourtant, si elles y avaient songé, la moindre des noces qui se célébraient dans le plus pauvre quartier de la ville, réservait à la mariée ce que ne trouvait pas celle-ci, à son retour de la cérémonie : un mari. Si peu qu'il compte dans un mariage politique, il compte un peu, surtout pour sa femme. Et Bianca ne savait presque rien du sien, sinon, à la vérité, d'admirables images de splendeur. L'homme qu'elle venait d'épouser portait à peu près le costume qu'on donnait alors à Dieu le Père, dans les tableaux de piété. C'était donc un fort honorable établissement. Si haut elle allait se trouver perchée dans l'échelle des êtres, que le monde ne lui paraîtrait plus que comme une petite boule, qu'elle tiendrait dans le creux de sa main. Nulle femme ne se coifferait jamais d'un diadème aussi lourd, ni aussi éclatant.

Diadème un peu chimérique, il est vrai, mais d'autant plus splendide : « Roi des Romains, Empereur d'Allemagne », c'étaient alors des titres honorifiques, des symboles, des enseignes de monuments à venir, quelque chose comme l'écriteau placé à l'entrée d'une rue à bâtir, mais qui n'existe pas. A l'horizon de cet Empire, on apercevait confusément des villes immenses et prospères, des cassettes contenant des milliers de florins, des châteaux crénelés garnis de bombardes, des tours pointues, des clochers, des toits descendant en pentes raides, presque à pic, sur des fenêtres innombrables, des boutiques pleines de victuailles et des manufactures serrées autour des hôtels de ville par la ceinture dentelée des remparts : tout ce qu'on voit aux arrière-plans d'Albert Dürer, dans les magnifiques images qu'il nous a laissées de l'Allemagne d'alors. Et l'aigle de Maximilien projetait hautainement, sur ces riches territoires, l'ombre déchiquetée de ses ailes héraldiques. Mais quant à lui, le futur empereur, il lui fallait pour y parvenir, traverser la forêt âpre et rocailleuse, droit, tout en fer, sur son lourd destrier, au milieu de mille monstres et mille ronces hostiles. Les terribles guerres et les difficultés inextricables où il était engagé, tantôt contre les rois, tantôt contre les Papes, tantôt contre les républiques, lui laisseraient-elles jamais le loisir de s'occuper de sa femme ? Elle ne le savait guère, ou plutôt elle ne savait rien. Elle ne connaissait ni le mari qu'on venait de lui donner, ni le pays qu'elle allait habiter, ni la langue qu'elle entendrait parler autour d'elle, — moins encore les mœurs, les idées, les traditions de ces ultramontains, de ces « forestiers », qu'elle devinait puissants et mystérieux dans leurs montagnes, séparés du monde latin par ces crêtes aigues et bleuissantes qu'elle voyait, comme nous, au fond des tableaux de Léonard, derrière les têtes pensives de ses Dames ou de ses Vierges, fermant l'horizon.

A INNSBRUCK. — L'IMPÉRATRICE

Pour le savoir, il fallait y aller voir. Tout de suite après son mariage, la nouvelle impératrice se mit en route vers les montagnes gardiennes et dissimulatrices de tant de trésors. Elle partit pour Côme, accompagnée d'une suite immense, en grand apparat. Presque toute sa famille lui faisait cortège : d'abord sa mère la duchesse Bona, puis son frère le duc de Milan Gian Galeazzo, déjà marqué des signes d'une fin prématurée, sa belle-sœur Isabelle d'Aragon, destinée, à peu près dès cette époque, à devenir « la plus malheureuse des femmes », son autre frère Ermès, son oncle Ludovic le More avec Béatrice d'Este, son cousin Francesco Sforza, enfin des amis comme San Severino, Pier Scipione Pallavicino, l'archevêque de Milan, des poètes comme Gasparo Visconti, des diplomates comme le légiste Giasone del Mayno, Baldassare Pusterla surnommé, je ne sais pourquoi, le *fabulator*, et Erasmo Brasca, le fin lettré, qui avait arrangé son mariage avec Maximilien et qu'on lui donnait comme mentor, pour guider ses premiers pas à la Cour pleine d'embûches où elle allait régner, sans parler d'une foule de dames d'honneur et de chambellans.

Tout ce beau monde se déroula lentement, au travers des campagnes lombardes, entre les haies de contadins accourus en foule pour voir passer la royale cavalcade.

Le premier soir, on fit halte au village de Meda. Puis on partit pour Côme. Là, l'évêque Antonio Trivulzio, le clergé, la noblesse, les jurisconsultes, les médecins, en grand costume, vinrent prendre la nouvelle Reine et la conduisirent, sous un « baldaquin », jusqu'au palais qu'elle devait occuper. Le reste de la noce s'égailla dans les maisons seigneuriales de la ville et des environs pour y passer la nuit. Le lendemain, après avoir dit adieu à sa mère, à son frère qu'elle ne devait plus revoir et à sa belle-sœur, à Ludovic le More et à Béatrice d'Este, qui n'allaient pas plus avant que Côme, Bianca, suivie du reste du cortège, s'embarqua sur une galère frétée par les bourgeois de Torno, drapée de tapisseries et de verdure et maniée par quarante rameurs. Un bateau d'escorte pour recevoir les passagers, en cas de tempête, et toute une flottille de barques splendidement peintes et pavoisées l'accompagnaient.

Les voyages, comme tout le reste à cette époque, semblaient faits pour les peintres. Cela n'allait pas vite, cela n'était point sûr, cela n'était même pas confortable : c'était beau. Le moindre des touristes, aujourd'hui, fait à moins de frais sur les lacs d'Italie une randonnée plus facile, plus rapide et plus sûre : le plus grand n'en fait pas une si pittoresque. Les chroniqueurs disent, qu'à ce moment, un rayon de soleil, déchirant le réseau des nuages, toucha l'étendue plate et terne du lac, assoupi depuis plusieurs jours, sous un ciel orageux. Mais ce rayon ne devait pas durer. La traversée alla cependant assez bien jusqu'à Bellagio, situé à la fourche des deux lacs. Là, Bianca descendit et se logea chez un des familiers du More, Marchesino Stanga, dans le palais tout battant neuf qu'il venait d'y faire construire, avec assez de goût, pouvons-nous supposer d'après l'exemple que nous avons, au Louvre, d'un autre de ses palais, celui de Crémone ; l'admirable porte de pierre, ciselée, placée au rez-de-chaussée, à l'entrée de la salle Michel-Ange.

Le lendemain matin, l'amphitryon accompagna sa souveraine sur un bateau frété par les gens de Sala, le plus vite de tous les bateaux du lac. Malheureusement, à peine au large, un vent terrible s'éleva. Le coche d'eau se coucha sous la tempête. Tout menaça de sombrer. Sur ces lacs d'Italie, bordés de hautes montagnes, il semble que le vent n'ayant pas assez d'espace pour se déployer et tournoyant sans trouver une issue, sa fureur s'exaspère de la contrainte où elle est contenue et que l'orage en devienne plus redoutable. Le cortège avait perdu sa belle sérénité. Les hommes tâchaient de dissimuler leur peur sous une fort méchante humeur. Les dames pleuraient toutes leurs larmes et demandaient à Dieu miséricorde. Les bateliers ne savaient à quel saint se vouer. Seul, dans le désarroi universel et la rageuse tempête, le juriste Giasone del Mayno conservait ses esprits et s'en servait pour railler la peur des autres. Une autre cible, désignée à ses sarcasmes et aux malédictions de toute la noble compagnie, était le célèbre Ambrogio da Rosate, l'astrologue du More, qui, après de nombreux calculs et un assidu commerce avec les astres, avait désigné ce jour comme particulièrement propice à une traversée. Enfin, une partie de la flottille put toucher Bellano. Bianca y descendit avec tout son monde et se remit de ses premières émotions sur le flot agité de sa nouvelle vie. On peut croire que les humanistes, nombreux dans le cortège, se consolèrent en confrontant leurs impressions avec celles de leur cher Virgile et que les *caecis undis* et les *gurgite vasto* émaillèrent les descriptions abondantes qu'ils firent de la tempête à leurs auditeurs épouvantés. Le reste de la route devait être bien pire cependant et leurs peines ne faisaient que commencer.

Le 8 décembre, en effet, le cortège nuptial entra dans les montagnes pour gagner Innsbruck par le défilé du Stelvio. Un sentier de mulet, au milieu des neiges, des nuages et des précipices, se déroulant jusqu'à près de 3.000 mètres d'altitude : voilà toute la voie triomphale ouverte à la jeune mariée pour rejoindre son époux. Après les rues pavoisées de Milan, c'était dur. Mais pour monter sur le trône de César, par où, quand on a vingt ans, ne passerait-on pas ? Derrière les massifs glacés de la Bernina, de l'Ortler, et toute la cohue de géants neigeux qui dominent la vallée du Trafoï, c'était l'exil, c'était le froid, c'était le côtoiement de l'abîme ; mais c'était l'Empire ! Pendant seize mortelles journées de marche, où l'on risquait sa vie à chaque pas, où l'on voyait se raréfier, puis s'arrêter tout à fait et disparaître toute végétation, toute substance animée, il fallut recommencer l'effort. La jeune souveraine geignait de toute son âme. Brasca la réconfortait de son mieux, en lui jurant tous les matins, au moment de se remettre en selle, qu'on avait passé le plus difficile et que le chemin serait bien meilleur que la veille : — et il était pire ! Alors elle criait à la trahison !

Autour d'elle, on n'était pas plus brave. Il fallut égrener sur la route des dames d'honneur exténuées, notamment Madonna Michela, qui n'avait pu aller plus loin que Gravedona. Enfin, cahin-caha, fourbue, et sans doute affamée, traînant la longue file serpentante et cahotée de ses sommiers, bagages, sacs et coffres remplis de vaisselle, de lingerie et de toilettes, l'impériale noce descendit l'autre versant des Alpes Rhétiques et parvint à toucher, la veille de Noël, le fond du trou d'Innsbruck. La jolie ville groupée le long de l'Inn, un des rêves du tourisme contemporain, par les beaux jours d'été, était à ce moment le cercle glacé de Dante, pour qui venait de Lombardie. La vérité du dicton : « Au Tyrol il y a neuf mois d'hiver et trois mois de froid », allait s'imposer avec force. Enfin on arrivait, et Bianca se consolait sans doute de toutes ses peines en songeant que, dans cette ville et ce palais où tout était préparé pour la recevoir, elle allait trouver son mari.

Elle ne l'y trouva point. Il n'y était nullement venu et ne songeait nullement à y venir. Il avait bien d'autres soucis en tête que de faire la connaissance de sa femme. C'était une manière de grand homme que cet époux fallacieux, et même un homme de génie, si l'on veut, à la façon dont le fut plus tard Charles XII, c'est-à-dire inquiet, instable, paradoxal et prestigieux. Un soldat qui, d'ordinaire, perdait ses batailles ; un mari qui perdait ses femmes ; un poète qui n'achevait pas ses poèmes ; un diplomate qui s'embarrassait lui-même dans les fils savamment tendus pour prendre les autres ; un mécène qui manquait d'argent pour payer ses artistes ; un chevalier de la Table Ronde, « le dernier chevalier », disait-on, mais qui, toujours aux prises avec des diètes, des assemblées, des conseils de notables et soumis à des votes, nous paraît tout aussi bien le précurseur de nos souverains parlementaires ; enfin un marieur intrépide et un héritier privilégié, quelque chose comme le légataire universel de l'Europe... Et, avec tout cela, une grande figure et qui devait laisser, presque achevée, une grande œuvre : l'hégémonie de la Maison d'Autriche, et passer à travers les rêves touffus d'Albert Dürer, comme le symbole du monde ancien cheminant vers l'avenir : — tel était Maximilien. Tel, du moins, il nous apparaît aujourd'hui. Penché sur la mosaïque multicolore et multiforme des États, des villes libres, des principautés, des évêchés, des duchés, des républiques, comme sur un *puzzle* prodigieux et cherchant à composer de ces éléments instables et hétéroclites, artistement, minutieusement, et malgré mille gêneurs, le tableau du Saint-Empire, selon un idéal qu'il portait en lui, — c'était l'homme d'un labeur immense et sans fin.

Mais était-ce, là, le mari rêvé par la jeune femme ? Ou même un mari tout simplement ? Son absence d'Innsbruck au moment où elle y arrivait, après tant de fatigues et de dangers, ne semblait pas d'un excellent augure. Au moins, s'il l'appelait auprès de lui ? Mais non, pas le moins du monde ! Pas plus qu'il ne songeait à venir à Innsbruck où elle était, il ne parlait de la faire venir à Vienne, où il se trouvait... A sa place, il mandait son familier et son mentor, Erasmo Brasca. A quoi tout cela pouvait-il tendre ? C'est la question que se posait le diplomate milanais en recevant cet ordre. Il partit tout de suite. Il portait à l'Empereur une lettre autographe de sa souveraine, toute respectueuse et timide, et dont elle était satisfaite, semble-t-il, car elle en envoya copie à son oncle Ludovic le More, en se plaignant de l'absence de son époux. Cette lettre est extraordinaire. Qu'est-ce que, dans ses messages précédents, Maximilien avait bien pu lui dire, ou lui faire dire, pour que, délaissée autant qu'on peut l'être, elle lui écrivît ceci :

Sérénissime Roi et Seigneur mien,

Je me trouve en de telles obligations envers votre Majesté que je demeure stupéfaite de l'amour qu'elle me manifeste. Il ne me serait pas possible d'exprimer la joie qu'en ressent mon âme. Et parce que je ne suis pas capable d'en témoigner assez par écrit, je charge de me suppléer, de vive voix, messer Erasmo Brasca qui peut être cru de votre Majesté, à laquelle je me recommande.

Ex Hyspruch XXVI Decembris 1493. Majestatis Vestre Serva Blanca Maria manu propria.

Nanti de cette missive, Brasca parvint à Vienne le 13 janvier 1494, un peu inquiet. Si c'était de sa faveur personnelle et de son crédit à la Cour impériale, il fut tout de suite rassuré. Le Roi des Romains le combla d'honneurs, le fit sénateur, lui donna ses entrées dans tous les conseils de ses chambellans, — mais ne lui dit mot de la Reine. Avait-il oublié qu'il était marié ? Qu'il avait épousé Bianca Maria Sforza Visconti, sœur du duc de Milan et richement dotée, dans le dessein avoué de tirer race ? « Voire ?... » se dit Brasca et, délibérément, il entra en matière. Il représenta au souverain distrait et distant la solitude où se trouvait la jeune souveraine, la longue attente qui la consumait, la fausseté de la situation et, « de peur que les malintentionnés ne se livrassent à des conjectures peu favorables sur la Reine et sur sa famille », il le supplia de faire venir sa femme à Vienne, ou d'aller la retrouver à Innsbruck.

Maximilien l'écouta d'un air distrait : il songeait à des choses qui lui semblaient bien plus urgentes et de plus de conséquence : notamment aux palabres du More avec le Roi de France, aux menaces de Charles VIII pour l'Italie... Il sonda, là-dessus, Brasca. Que manigançait donc son compère ? Le subtil Milanais para comme il put cette botte courtoise et revint à la charge. Il ajustait et fourbissait ses meilleurs arguments, mais il n'en eut que faire. Le Roi des Romains n'opposa aucune résistance. Il ne niait pas être marié, ni tenu à de certains devoirs. Il en avait d'autres plus pressants, voilà tout. Il répondit donc « que les recommandations n'étaient pas nécessaires, parce qu'il aimait très cordialement la

Sérénissime Reine, comme nul mari ne pouvait aimer mieux sa très chère épouse, et que sur toute autre chose il désirait la voir ; seulement, telles étaient les occupations dans lesquelles il s'était trouvé jusqu'ici, qu'il lui avait été impossible de bouger et qu'ayant mené à bonne fin la plupart des affaires en cours, il pensait dans très peu de jours se libérer et arriver à Hispruch. »

Ce « peu de jours » devait vouloir dire deux mois. Vainement, pendant tout l'hiver, la jeune épousée attendit-elle son mari. Ses courtisans, embarrassés et vaguement inquiets, pour tromper son attente, s'employaient de leur mieux à l'amuser par des spectacles. Pour cela, on lui offrit d'abord un brochet, — un brochet monstrueux et légendaire, servi en *zeladia*, c'est-à-dire dans un coulis de viande — et qui fit son entrée en grande pompe, au son des trompettes, comme un prince et entouré de figurines d'hommes et de femmes faites d'amandes grillées. C'était à son dîner de noces du 29 décembre 1493. De la place d'honneur qu'elle occupait, sous un baldaquin de drap d'or cramoisi, recourbé en capuchon, Bianca vit défiler successivement sur les tables plus de victuailles que Gamache n'en offrit jamais à ses convives, ou que le docteur natif de Tirtéafuera n'en défendit à Sancho Pança : des chapons, des poissons nageant dans une sauce de raifort, un cochon de lait bonifié par des raves en compote, encore des chapons, un cerf de gelée « noire », deux lions et un porc-épic d'amandes grillées, d'autres chapons avec des hachis de viande, un pâté, des lasagnes, des poulets, encore des chapons, des massepains et des sucreries, le tout arrosé de vins blancs et rouges et annoncé à son de trompettes, et terminé par un solo de soprano, chanté par une bossue et par des jeux.

Bianca n'était pas seule à jouir de ces blandices.

Elle avait trouvé au palais un oncle de son mari, l'archiduc Sigismond, comte de Tyrol, avec sa jeune femme Catherine, qui était jeune et gaie, et elle se divertissait de son mieux avec ces deux princiers personnages, comme on pouvait se divertir à Innsbruck, au cœur de l'hiver, il y a quatre cents ans. On habillait et on déguisait à l'Allemande les dames milanaises venues à la suite de la Reine : on faisait peindre, à la manière italienne, les portraits des seigneurs de la cour impériale, par Ambrogio de Predis, le peintre présumé de notre portrait du Louvre, qu'on avait amené en Allemagne. L'échange et le mélange des élégances des deux cours enfantaient, peu à peu, cet aspect composite et fâcheusement opulent qu'on observe dans la plupart des portraits de princesses de cette époque et notamment dans celui de Bianca Maria, peint quelques années plus tard, par Stigler. Et c'était encore là, quelques heures de gagnées...

Mais l'Empereur ne venait toujours pas... Les hyperboliques louanges dont les courtisans le gratifiaient auprès de sa femme ne la persuadaient peut-être pas entièrement de ses perfections quasi surnaturelles : toujours fallait-il lui reconnaître cette ressemblance avec la divinité qu'il restait invisible... Était-ce, là, seulement l'effet des circonstances ? On craignait que ce fût aussi celui d'une conspiration. Les magnats et autres seigneurs, qu'on savait furieux de la mésalliance de Maximilien, n'avaient pu empêcher le mariage. N'allaient-ils pas réussir à en empêcher, du moins, son accomplissement et la naissance d'un héritier ?

Enfin, la promesse impériale s'accomplit. Notre profil du Louvre se trouva, pour la première fois, en présence du profil de Maximilien, tel que nous le voyons avec sa figure chevaline, son nez busqué, ses longs cheveux

tombant en mille boucles et son lourd collier de la Toison
d'or, dans le portrait fait par le même Ambrogio de
Predis et qui est à Vienne. Le 15 mars, Erasmo Brasca
écrit à Ludovic le More, que, le 13, l'époux tant attendu
est arrivé à Innsbruck et que, depuis ce jour, il a rempli
tous ses devoirs. « Le Sérénissime Roi paraît ne s'occuper
d'autre chose que de cajoler la Reine et continuellement
il en fait la plus grande démonstration. » Joie au Castello de Milan, confusion chez les envieux, les jaloux
et les adversaires !...

Quant au bonheur du ménage royal, toutes les hypothèses sont permises et même les moins optimistes
peuvent être envisagées. Elles peuvent l'être, parce que
la vie de Bianca, pour plus proche que fût maintenant
son époux, paraît être demeurée aussi loin de la sienne.
On avait marié une dot avec un blason. L'une était
versée, l'autre flamboyait de l'éclat le plus flatteur de
l'Europe, avec celui du Roi de France. Le but du mariage
était donc atteint et, après cela, les félicités sentimentales
pouvaient sembler choses aussi futiles et surérogatoires
que, dans la toilette de Bianca, les plumes de héron blanc
qu'elle envoyait chercher, à grands frais, dans tous les
pays du monde.

Pendant qu'elle se parait des plumes, son mari courait
après la bête : les chasses de Maximilien sont célèbres.
On en suit le détail dans les tapisseries de Van Orley.
Ses quinze cents chiens couvraient d'un tapis mouvant
le sol autour de lui, ses faucons obscurcissaient le ciel.
Il y oubliait tellement sa femme, qu'il restait jusqu'à
vingt jours absent, par monts et par vaux, à courre le
sanglier, ou à guetter l'ours ou le chamois. Pécopin
finissait bien par revenir auprès de Bauldour, et sans
doute ne la trouvait-il pas notablement vieillie. Mais si
vingt jours ne marquent pas sur les traits jusqu'à les

PORTRAIT DE MAXIMILIEN, ROI DES ROMAINS.

(Musée municipal de Vienne.)

Parfois, Maximilien avait la surprise d'entendre sa femme soupirer, pendant son sommeil : « Oh ! ma Violante ! » et la bonhomie de la réveiller pour lui dire : « Je ne suis pas Violante... » C'est qu'il tenait beaucoup moins de place, dans les préoccupations et dans la vie quotidienne de la Reine, que cette jolie et captivante amie : rien d'étonnant qu'il en tînt moins dans ses rêves.

A tout moment, cette place excessive est dénoncée par les représentants, ou mieux, les espions du More. Un jour, Bianca, en veine de subite tendresse, voulut écrire à son oncle une lettre « de sa propre main, » mais voici que, tandis que le secrétaire s'éloignait pour préparer la minute, elle changea subitement d'idée, prétendit qu'elle avait mal à la tête et ordonna qu'on l'écrivît pour elle : elle la signerait seulement. « Ce changement n'a pu venir, selon moi, dit le secrétaire, que de Violante, qui était assise dans un cabinet avec Sa Majesté. »

Ceci encore peut se pardonner, et que sa femme n'écrivît pas assez souvent, ni de sa propre main, à son oncle, c'est ce dont Maximilien se consolait, sans doute, fort aisément. Mais il avait contre la favorite de plus graves griefs. Une fois que la ville de Cologne avait offert à Bianca, comme tribut du Rhin, 2.000 florins, Violante trouva le moyen de les lui faire dépenser en un seul jour. Ceci irrita davantage le maître qui, prodigue lui-même, entendait bien se réserver le monopole de la prodigalité. Enfin, il découvrit qu'elle intriguait avec l'ambassadeur de Naples, Girolamo Venti. Cette fois, c'était de la politique : il se fâcha tout de bon et interdit à sa femme de recevoir dorénavant le diplomate intrigant. Mais Violante était toujours là, et toujours si astucieuse et dominatrice que Brasca, tout net, le déclara : si l'on voulait mettre ordre aux choses de Sa Majesté, il fallait la chasser d'Allemagne avec son mari et « la Reine après huit jours n'y penserait plus, » — ce qui nous édifie sur la profondeur présumée de ses sentiments.

Privée de son amie, elle trouverait, pensait-il sans doute, des consolations dans la parure, la table ou la piété. De fait, elle accablait son oncle de requêtes somptuaires : elle voulait avoir des rangs de perles de la comtesse d'Imola, des parfums en poudre, des aigrettes de héron, qui lui étaient fournies par l'astrologue Ambrogio da Rosate, — auquel, enfin, elle avait trouvé un emploi judicieux, — une *turchina*, une toilette de brocart blanc, un *officioletto*, qu'on ne pouvait trouver ailleurs qu'à Milan, paraît-il. De même, un confesseur... L'Allemagne ne lui avait rien fourni, faut-il croire, de comparable à un certain Capucin, qui avait quitté son couvent de Saint-Ange, à Milan, pour venir voir sa sœur en Allemagne. Elle en avait fait son directeur de conscience. Elle ne voulait plus le laisser partir, tellement il lui agréait « pour sa consolation et son utilité », et il la mit en « de telles voie et disposition meilleures qu'elle n'avait été depuis longtemps ».

On peut supposer, aussi, qu'en outre de leurs mérites propres, ces bijoux, ces toilettes, ces parfums et ces personnes, même, avaient pour elle ce grand prestige qu'ils venaient de la Lombardie, du pays du soleil, des plaines fertiles et illimitées, des rendez-vous joyeux, des cortiles, des terrasses, de la musique, du langage mélodieux, des fleurs, — pays de son enfance, le plus fastueux et le plus élégant du monde entier, et que le monde entier, s'il fallait en croire le poète, reconnaissait pour tel.

> *Bel paese è Lombardia*
> *Degno assai, ricco e galante...*

chantaient les marchands du « lointain et grand royaume

de Soria », qui avaient traversé les mers pour venir voir
ce que c'était :

> *Tanta fama è per il mondo*
> *del gran vostro alto Milano*
> *che solcando il mar profondo*
> *siam venuti dal lontano*
> *gran paese soriano*
> *per vedere se cosi sia.*
> *Bel paese è Lombardia.*

Quel contraste devait être Innsbruck, enfoui au creux
des Alpes, avec ses tristes clochers et ses hautes tours
perdus presque toute l'année dans la brume, sa mon-
tagne pesante et neigeuse, bouchant hermétiquement
l'issue de ses rues, comme pour clore et rabattre le rêve,
son peuple parlant une langue barbare et emmitouflé
dans d'énormes houppelandes, la nature et les mœurs
ensevelissant sous un suaire de plomb tout ce qui, en
Italie, s'épanouit et s'offre au soleil !

Et, pourtant, c'est sa bonne étoile qui l'avait conduite
là. Innsbruck était un abri sûr, dans ces temps agités,
tandis que Milan, exposé aux incursions étrangères,
allait être dévasté par les orages. Bientôt, de ce pays
enchanté qu'elle regrettait si fort, commencèrent d'arriver de mauvaises nouvelles qui, peu à peu, empirèrent
jusqu'à la catastrophe. Ce fut, d'abord, la mort prématurée de son frère, le duc de Milan, Gian Galeazzo, qu'on
prétendit avoir été empoisonné par leur oncle, le More.
Il était simplement victime de sa gloutonnerie, comme
elle devait, un jour, l'être elle-même, que le More avait
tout intérêt à voir vivre. En eut-elle un très grand
chagrin ? On ne sait. La lettre qu'elle écrivit, d'Anvers
où elle était allée visiter ses nouveaux États, à son oncle,
devenu duc de Milan, ne témoigne d'aucun sentiment
bien vif. Elle lui fait son compliment du titre qu'il vient

de s'octroyer, — malgré que ce fût au détriment de son petit-neveu à lui, son neveu à elle, — et l'assure qu'il trouvera toujours, chez elle, un appui auprès de Maximilien. En outre, elle lui glisse une prière qui, dans la situation où elle se trouvait, devenait une sorte d'ordre, en faveur des siens, sous cette forme compassée et un peu pharisaïque : « Et, bien que Nous estimions que ce n'est pas trop nécessaire, néanmoins Nous recommandons à Votre Excellence notre illustrissime mère, notre illustrissime frère et les enfants de l'illustrissime seigneur duc notre frère. »

C'était peut-être, là, une simple satisfaction donnée à la duchesse mère, Bona, qui, de l'exil où elle était retournée, adressait à sa fille des lettres gémissantes et indignées. Ces lettres, à la vérité, ne parvenaient pas toujours à la destinataire. Elles étaient parfois brûlées par les secrétaires, que le More avait prudemment interposés entre sa nièce et le monde extérieur. Mais, à la longue, Bianca finissait bien par savoir que tout n'allait pas pour le mieux entre son oncle et sa mère, et, dans la mesure où le lui permettait son indolence, elle tâchait d'y remédier.

La mort de son frère ne fut que le début d'une série de deuils ou d'alarmes. Les Français, descendus en Italie avec Charles VIII, à la requête du More, semblaient se retourner contre lui et mettre le duché en péril. Puis, arriva la nouvelle que la petite Bianca Giovanna Sforza épouse, à treize ans, du beau Galeazzo de San Severino, venait de s'éteindre et, avec elle, la lumière et la joie de la cour ducale. Peu après, la mort foudroyante de Béatrice d'Este achevait d'accabler l' « Enfant de la Fortune », jusque-là si insolemment heureux. « Nous sommes surtout très chagrins, lui écrivit à ce sujet Maximilien, de penser que vous, que nous aimons tant, vous aurez perdu en elle, non seulement une douce épouse, mais une compagne qui partageait, à un si haut degré avec vous, le fardeau du pouvoir et dissipait vos soucis et allégeait vos peines par sa présence. Quoiqu'elle fût du petit nombre des femmes dignes d'un perpétuel regret et d'un souvenir éternel — (Maximilien pensait assurément en écrivant ceci à sa première femme, Marie de Bourgogne, et l'on ne sait comment Bianca interpréta ce « petit nombre »), — cette mort prématurée n'est pas un véritable malheur pour elle car, puisqu'il faut que tous nous mourions un jour, ceux-là sont plus favorisés qui meurent jeunes et qui, après avoir vécu une heureuse jeunesse, ignorent les calamités sans nombre de ce triste monde et les maux de la vieillesse. Votre femme, très favorisée du sort, a eu tout ce qui embellit la vie : aucun don du corps ou de l'esprit, aucun privilège de la beauté, ni de la naissance, ne lui ont manqué. Elle était, à tous les égards, digne d'être votre épouse et de régner sur le pays le plus florissant de l'Italie. Elle vous a laissé les plus aimables enfants, qui vous rappelleront les traits de leur mère disparue et seront la consolation de votre douleur présente, aussi bien que le soutien de vos vieux jours. Et lorsque le moment viendra pour vous de la rejoindre, vous pourrez leur léguer un trône paisible et l'éternel souvenir de votre nom... »

Rien n'était plus spécieux que cette consolation dernière, ni plus aventuré que cette prophétie. Car le More, sauvé une première fois des entreprises du Duc d'Orléans, lors de l'expédition de Charles VIII contre Naples, allait être menacé de nouveau par le même personnage, devenu Roi de France. La seconde expédition française en Italie, avec Milan, cette fois pour objectif et Louis XII pour auteur, le jeta bientôt dans des transes mortelles. Il se tourna vers Maximilien et vers sa nièce et appela au secours... « Je serais reconnaissant que vous fassiez en sorte que la Reine sérénissime me recommande à Sa Majesté, car il est temps, maintenant, de témoigner l'amour qu'elle me porte ! » écrivait-il à son envoyé, à Innsbruck, le 7 août 1499.

Malgré toute sa *noncuranza*, Bianca ne pouvait s'empêcher d'éprouver le contraste heureux de sa destinée. La guerre et la révolution grondaient aux plaines lombardes, tandis que le Tyrol demeurait solide comme un roc : — le roc abrupt et giboyeux, qu'on voit remplir la fenêtre, au fond du portrait de Maximilien qu'a fait Strigel. Le More et Maximilien se ressemblaient en un point essentiel et c'était là, on peut le croire, la raison de leur sympathie mutuelle. Tous deux étaient des rêveurs et bâtisseurs de monuments chimériques, mais le premier bâtissait sa Babel sur le sable mouvant de l'opinion et des alliances italiennes, le second sur la terre ferme de la fidélité germanique. L'un ne s'appuyait que sur l'intrigue et l'argent, l'autre comptait pour se protéger sur le solide rempart de ses lansquenets. « A moi, les lansquenets !... » criait éperdument Ludovic le More. Sa nièce faisait de son mieux pour lui en envoyer, en échange des toilettes, des parfums et des plumes qu'elle recevait de Milan. Mais c'était plus difficile.

D'abord, si Maximilien possédait assez de troupes et assez bien en main pour n'avoir lui-même rien à craindre de ses ennemis, il avait tant d'États à défendre, que ses bataillons s'éparpillaient et s'évanouissaient, indéfiniment à tous les horizons de son empire : il ne lui en restait jamais pour son allié. Ses « bonnes villes » lui fournissaient bien des hommes, mais pour fort peu de temps à la fois, en sorte que, grâce aux lenteurs du recrutement, la moitié des effectifs avait déjà quitté le camp, lorsque l'autre moitié venait rejoindre, — ce qui n'excitait pas peu la gaieté de Machiavel. Ainsi, le roi des Romains passait son temps à des concentrations imaginaires d'armées à demi fantômes, pour des expéditions mort-nées.

Pour en lever d'autres, il aurait fallu de l'argent et c'est ce dont il manquait le plus au monde. Les diètes lésinaient tellement avec lui, lorsqu'il réclamait des subsides, qu'il en était réduit parfois à engager non seulement les bijoux, les colliers de perles, mais jusqu'au linge de sa femme. D'ailleurs, il n'était jamais là : toutes les grâces persuasives qu'elle aurait pu déployer en faveur de son oncle demeuraient inopérantes avec un mari si fugace et si insaisissable. Elle ne pouvait guère s'adresser à lui que, comme à Dieu le Père, par des prières lointaines, humbles et monologuées.

Enfin, Maximilien était, de par la nature même de son esprit, la plus lente et la plus décevante des Providences. Ce n'est pas qu'il fût à court d'idées et de stratagèmes ! Comme le remarquait l'envoyé de Venise, il en avait d'admirables et pour faire face à toutes les situations : il n'en avait que trop ! A peine l'une d'elles recevait-elle son exécution, qu'il en trouvait une meilleure, laquelle remplaçait la première, et ainsi de suite, et toujours, si bien que le temps de l'action avait passé avant qu'il eût rien fait... Entre ces deux songe-creux, c'est une Catherine Sforza qu'il eût fallu, pour mettre de la décision et de l'ordre. Sa sœur ou demi-sœur, Bianca, en était tout à fait incapable et la ruine survint sans qu'on sût exactement pourquoi, quand, ni comment.

Les lansquenets de Maximilien, enfin partis au secours de Milan, étaient arrivés trop tard. Le More, battu par les Français, trahi par le gouverneur du Castello, fuyait avec une poignée de partisans dévoués. Il vint échouer à Innsbruck auprès de sa nièce. Rien de plus lamentable

que l'émigration des Princes, les apparences d'une Cour,
sans la force d'un État, l'hospitalité imprévue et forcée
de l'Étranger la requête d'un appui qui veut toujours
dire invasion et dévastation de sa propre patrie, l'intrigue et la mauvaise humeur des conseillers qu'on n'a
pas assez écoutés, des partisans devenus des juges, des
courtisans mués en censeurs. Le More connut tout cela
à la Cour de sa nièce et aussi les cabales des réfugiés
Milanais contre lui. Les calomnies une fois déchaînées,
rien ne les arrêta plus. On alla même jusqu'à prétendre
que Bianca lui réclamait son trésor personnel, sauvé du
naufrage, comme ayant été formé par son père et son
frère à elle. Il n'en était rien. Elle ne cessait, au contraire,
de le soutenir. Il tenta une seconde fois la fortune des
armes, repartit pour l'Italie avec le concours de Maximilien et ne revint plus. Son second règne n'avait duré
que quatre-vingts jours. Après, ce fut la chute définitive,
la reddition entre les mains des Français et la captivité
au donjon de Loches. Bianca ne pouvait plus rien pour
lui, qu'intercéder avec son mari auprès du roi de France,
pour que les murs de la prison s'élargissent. Ils le firent
avec suite, avec courage, avec obstination... Mais en
vain. Le More mourut dans son cachot, entouré de tous
les fantômes de sa vie heureuse et passée et peut-être
de ses remords. Elle avait recueilli, du moins, les enfants
du prisonnier, Massimiliano et Francesco. Elle les éleva
et les garda près d'elle jusqu'à sa mort. Elle-même
n'avait pas donné d'enfant à son mari. Ses deux jeunes
cousins, exilés, lui tinrent donc lieu de famille.

Quant à l'Empereur, il était plus éloigné d'elle que
jamais. Toujours par monts et par vaux, dans ses « bonnes
villes », ou dans ses camps, fondant des canons, pro-
nonçant des discours, équipant des lansquenets, fomen-
tant des ligues, cherchant de l'argent, méditant des

poèmes. Toujours prêt à se battre et à faire battre les
gens, plus encore à les marier et par-dessus tout à en
hériter, quand la chose semblait possible, le seul endroit
où l'on fût à peu près sûr de ne pas le rencontrer, était
son foyer conjugal. Les nouvelles qui y parvenaient
étaient souvent glorieuses, souvent tragiques, jamais
heureuses pour Bianca. Un jour, elle apprenait le mariage
de sa belle-fille Marguerite avec Philibert le Beau duc
de Savoie, fameux dans l'Histoire de l'Art par son tombeau, à Brou, puis les batailles de l'Empereur au Nord,
pour recouvrer le duché de Gueldres, ou au Sud, en
Bavière, et le succès de sa grosse artillerie à Kufstein.
Ce n'était point, là, des événements à beaucoup divertir
la Milanaise. En revanche, la nouvelle que son beau-fils,
l'archiduc Philippe, était mort subitement et que la
jeune veuve Jeanne était devenue folle ne pouvait
qu'assombrir la Cour, à Innsbruck. Tout cela servait
pourtant plus ou moins les projets de Maximilien, et
coup sur coup, le bruit se répandait qu'il avait mis la
main sur la régence du royaume d'Espagne et qu'enfin
il était couronné Empereur, avec le consentement du
Pape, à Trente, dans la vieille cathédrale, en grande
cérémonie.

Voilà donc Bianca impératrice, en titre cette fois.
Elle ne devait pas l'être longtemps. Sa vie approchait
de son terme, abrégée par la mauvaise hygiène et les
excès de table, que n'avaient cessé de dénoncer les
médecins. Son mari ne s'en préoccupait guère : il avait à
tirer vengeance de Venise et sa grande affaire, pour
l'instant, était de faire passer le col du Brenner à sa
grosse artillerie, pour la mener devant Padoue, où il
devait rencontrer deux chevaliers selon son cœur :
Bayard et La Palisse. Puis, il avait à se débattre devant
la Diète d'Augsbourg, pour en tirer quelques subsides

ou quelques troupes, qu'elle lui mesurait chichement. Toute l'Europe était intriguée et inquiète des évolutions de ce subtil mégalomane. Pendant ce temps, quelque part, dans un sombre palais d'Espagne, gémissait la veuve de son fils, Jeanne la Folle, et dans un autre pays, grandissait l'enfant prédestiné, le dernier aboutissement de ses rêves, qui devait s'appeler Charles-Quint. Que pouvait peser Bianca, elle qui n'avait même pas su lui donner un fils, en regard de ces lourdes besognes, de ce globe du monde à conquérir et de cet enfant dressé à le tenir dans sa petite main !

Il n'avait pas été là, lors de son arrivée en Allemagne ; il ne fut pas là, lors de son départ, — du suprême départ. Quand elle mourut, à Innsbruck, le 31 décembre 1510, il était à Fribourg-en-Brisgau, occupé à négocier ou à combattre avec toute l'Europe. La disparition de l'Italienne comptait peu. Elle laissait encore moins de vide qu'elle n'avait tenu de place. Il la pleura, cependant, en termes élogieux, mesurés, choisis, la fit pleurer par ordre et prétendit même que sa fille regrettât celle qui, pour elle, n'était qu'une belle-mère, ou en fît au moins le geste décent. Après quoi, il se remit au travail, au *puzzle* de sa vie dirions-nous aujourd'hui : le « remembrement » de l'Empire.

Au reste, si une vision féminine eût pu l'en distraire, c'eût été le souvenir de sa première femme, Marie de Bourgogne. Il n'avait jamais cessé de la regretter et de l'aimer. Elle avait été bien peu de temps sa compagne, mais la compagne de sa jeunesse, du temps où les années comptent double et où les couleurs dont s'illumine la vie sont d'inaltérables couleurs. Il l'avait épousée par pure politique, comme Bianca, mais il s'était trouvé que cette riche héritière d'un duché beau comme un royaume, possédait une âme ardente et fine comme une pierre précieuse et qui s'alliait à la sienne. Une gravure sur bois, du *Roi Blanc*, ce récit romanesque où il raconte sa propre vie, nous montre le couple royal assis dans un jardin. C'est le jardin clos du Roman de la Rose, celui que chante Hans Sachs, le poète qui devait bientôt prendre son essor à la Cour même de ce mystérieux empereur. Lui, Maximilien, est emmitouflé dans sa grande robe royale, et couronné de laurier. Elle, Marie, est coiffée du hennin en beaupré, avec des manches longues et étroites laissant pointer tout juste le bout des doigts. Et ces deux amoureux, parmi les fleurs, que font-ils ? Ils s'enseignent mutuellement leur langage maternel. Elle lui apprend le français : il lui apprend le vieil allemand. Et le paysage autour d'eux et la jeunesse du cœur en eux-mêmes leur fournissent les thèmes des mots à dire et à traduire, avec ceux aussi qu'aucune langue humaine n'a jamais su traduire, ni ne traduira jamais.

Ah ! ce n'est pas avec Bianca qu'il eût inventé pareil passe-temps ! Elle offre, avec Marie, sur tous les points, une complète antithèse. Pour en juger, il suffit de les voir toutes les deux, ressuscitées en bronze, debout, autour de son tombeau, sur le parvis de la cathédrale, à Innsbruck. Le visiteur, qui passe entre les deux haies de héros farouches et de dames parées, qui forment autour de l'Empereur cette « mesnie de la mort », les reconnaît tout à coup. Elles ne sont pas ensemble : Marie de Bourgogne est d'un côté, près d'Elisabeth de Hongrie, Bianca Maria Sforza est de l'autre, entre Marguerite de France et Siegmund de Tyrol. En comparant ces deux figures, on a le sentiment qu'on a passé d'un siècle et d'une civilisation à l'autre. Elles sont contemporaines, pourtant, ou quasi contemporaines. Mais l'une est tournée vers le passé, l'autre vers l'avenir. Marie de Bourgogne porte

encore le hennin et le touret de front du moyen âge.
Bianca n'est coiffée que de ses cheveux, comme dans le
portrait du Louvre, auxquels est seulement ajustée une
sorte de couronne. Les « crevés » qui gonflent à ses
épaules et aux coudes et les dessins de sa robe de brocart
annoncent la Renaissance. La disposition des bijoux
l'annonce aussi. C'est l'éphémère toilette d'un jour, qui
est soigneusement reproduite, ici, en une matière éter-
nelle, — témoin d'une société où les modes les plus
futiles trouvaient un artiste pour les léguer à la postérité,
sous une forme indestructible et sacrée et la double protection de l'Art et de la Mort.

Ces deux épouses successives et dissemblables de
Maximilien, ce sont les deux aspects contradictoires de
sa vie, et de son âme multiple et inquiète. La première,
la fille de Charles le Téméraire, c'est le symbole d'un
monde caduc, le monde particulariste, fondé sur la
force du seigneur et de ses gens d'armes, cherchant à
vivre et à conquérir sans se mélanger. La seconde, la
nièce du More, symbolise la politique nouvelle, faite de
concessions et d'alliances, la reconstruction des grands
États, fondée sur la force encore, mais aussi sur des concessions mutuelles et des intérêts coalisés. L'un de ces
deux mondes venait de s'effondrer à Granson et à Morat ;
l'autre naissait à peine, à travers les ruines du moyen
âge. Et lui, Maximilien, plongeant dans le monde ancien
par toutes ses racines, tendait curieusement les bras vers
les horizons illimités de l'avenir. C'est cette attitude
à la Janus qui en fait, pour l'Histoire, une si mystérieuse et troublante physionomie.

Il est là, lui aussi, dans l'église d'Innsbruck, mais
soulevé bien au-dessus de ses deux femmes par sa dignité
suprême. Juché sur son tombeau vide, comme sur un
trône, la tête coiffée de l'énorme diadème impérial qui

porte, sur ses arceaux croisés, le globe du monde et la Croix rédemptrice, absorbé dans une méditation séculaire et, — comme il convient à l'Empereur qu'il fut, au Pape qu'il eût voulu être, — seul ! On n'a pas osé lui donner d'autres compagnes que les Vertus Cardinales. Si l'on évoque, à côté de ce fier cénotaphe, les paisibles figures de la Chartreuse de Pavie : Ludovic le More étendu, dans le repos éternel, auprès de la compagne de sa vie, Béatrice d'Este, on mesure la distance entre les deux races : l'archiduc d'Autriche, empereur d'Allemagne, rattaché par toutes les chaînes de la tradition au monde féodal, solitaire dans la béatification de son pouvoir suprême et de son droit divin, — et le politique des temps nouveaux, fils de parvenu, philosophe de la Renaissance, vaguement orienté vers les conceptions égalitaires de l'humanité : ici le héros d'Albert Dürer, là-bas, l'ami de Léonard de Vinci.

Et, en même temps, on éprouve la ressemblance qui unit ces deux hommes. Ressemblance sur un seul point, mais capital : le désenchantement du connu, la passion des idées nouvelles. Cet empereur d'Allemagne et ce duc de Milan, tous deux formés par les disciplines du XVe siècle, éprouvent les nostalgies de l'âme moderne au milieu d'une Europe encore troublée ou satisfaite par ce qui épouvantait ou ce qui émerveillait les foules au moyen âge. Ils ne sont pas contemporains des esprits qui régnaient alors : ils sont contemporains des nôtres, avec leurs qualités et avec leurs faiblesses. Les dates, en psychologie, n'ont pas l'importance qu'on leur attribue. Ce qui importe, ce n'est pas l'époque où l'on a vécu : c'est celle où l'on aurait voulu vivre. Comme il y a, dans la même maison, des fenêtres exposées au couchant et d'autres exposées au levant, il y a, dans le même siècle, des âmes exposées au Passé et des âmes exposées à l'Avenir. Ludovic le More et Maximilien sont de cette dernière famille, et, aussi, les artistes qu'ils aimaient et dont l'œuvre nous hante dès que nous parlons d'eux : les deux visionnaires de cette fin du XVe siècle et des premières années du XVIe, ces grandes âmes troublées et troublantes, où chaque génération qui passe croit se mirer un peu elle-même, avec son désir et son désenchantement : la beauté de la femme, la mainmise de l'homme sur les forces et sa connaissance des secrets de la nature et l'instinct de son néant, l'accès dans le domaine merveilleux de la science, et le recul indéfini de la connaissance parfaite, l'ivresse du savoir et sa vanité devant le grand problème : — la *Joconde* et la *Melancholia*...

Quant à Bianca, il faut bien le dire, on n'y pense plus... On n'y pense plus du tout ! Ce n'est qu'une molle et inconsistante poupée, dont les hasards de la naissance et du siècle ont fait une impératrice du saint Empire romain. L'Histoire ne l'aperçoit, en regardant à la loupe, que parce qu'elle fut la nièce de Ludovic le More et la femme de Maximilien. C'est un pion entre les mains de ces deux grands joueurs d'échecs, — une « Dame » peut-être, — qu'ils glissent sur le damier de l'Europe, presque aussi inerte et inconsciente du jeu que l'on joue, que ses sœurs d'ébène ou d'ivoire. Une pièce historique, pourtant, parce que la partie où elle figura fut une partie mondiale et l'enjeu si gros, que le gain en eut un infini retentissement. Grâce à elle, ou du moins grâce à son mariage, Ludovic le More fut duc de Milan et Maximilien plus riche et, partant, plus puissant empereur d'Allemagne. Son argent, sinon sa personne, l'aida un peu à faire ce qu'il fit.

Aujourd'hui, de toutes ces constructions savantes et hautaines, il ne reste rien. La chose fondée par Ludovic le More devait durer six ans, la chose fondée par Maximilien, quatre siècles ; l'une s'effondrer dans le donjon de Loches, l'autre dans le donjon de Saint-Germain. Au regard du passant, attentif seulement aux forces et aux aspirations de l'heure présente, ce sont, là, des ruines presque égales et le More fait, dans l'Histoire, une aussi grande figure que Maximilien. Plus grande, peut-être, aux imaginations contemporaines, d'autant que Léonard de Vinci dépasse Albert Dürer. Car ce sont ces faiseurs d'images qui désignent à notre curiosité ces fondateurs d'Empire et les sauvent de l'oubli. On ne prononce leurs noms quelquefois qu'à propos des portraits qu'ils ont commandés ou des pages décoratives qu'ils ont dictées. Et les soldats du Nouveau Monde, dont on vit, après la guerre, le flot couler intarissablement dans les salles du Louvre nouvellement ouvertes, levaient les yeux vers ce profil de femme et parfois l'admiraient, un court instant, avec une curiosité amusée, sans se douter que c'est, là, une impératrice d'Allemagne, la première souveraine de l'Autriche, — un symbole du puissant Empire qu'ils sont venus détruire aujourd'hui.

APPENDICE I

GÉNÉALOGIE SOMMAIRE DES SFORZA

MUZIO ATTENDOLO, dit Sforza (1369-1424), marié 4 fois, a
eu 13 enfants, dont 7 légitimes, parmi lesquels :
Alessandro, seigneur de Pesaro,
Et 6 naturels, parmi lesquels :
Francesco, duc de Milan, qui suit.

Ledit FRANCESCO SFORZA (1401-1466), duc de Milan en
1450, marié, d'abord, avec Polissena Ruffa, morte en 1420,
puis avec Bianca Maria Visconti, a eu 20 enfants, dont
11 naturels, parmi lesquels :
> Polissena, mariée à Sigismondo Malatesta, seigneur de
> Rimini.
> Lucia, religieuse.
> Bianca Francesca, religieuse à Crémone.
> Giovanni Maria, archevêque de Gênes.
> Polidoro, protonotaire.

Et 9 enfants légitimes, le premier de Polissena Ruffa, les
autres de Bianca Maria Visconti :
1. Polissena.
2. Galeazzo Maria, duc de Milan, qui suit.
3. Ippolita, mariée à Alfonso duc de Calabre, puis roi de
Naples.
4. Filippo, marié à Costanza di Bosio Sforza.
5. Sforza, duc de Bari.

6. Lodovico Maria, dit le More, duc de Bari, puis duc de
   Milan, marié à Béatrice d'Este, qui suit.
7. Ascanio, cardinal.
8. Elisabetta, mariée à Guillaume de Montferrat.
9. Ottaviano.

DESCENDANCE DE FRANCESCO SFORZA, DUC DE MILAN

A. — *Branche aînée.*

GALEAZZO MARIA (1444-1476), duc de Milan en 1466, marié
à Bonne de Savoie, a eu 10 enfants, dont 6 naturels, parmi
lesquels :
> Caterina, plus tard Comtesse de Forli, mariée d'abord, à
> Girolamo Riario, puis à Giacomo Feo, puis à Giovanni
> de Médicis.
> Ottaviano, évêque de Lodi.

Et 4 enfants légitimes :
1. Gian Galeazzo (1469-1494), duc de Milan en 1476,
   marié à Isabelle d'Aragon, qui suit.
2. Ermès, né en 1470.
3. Bianca Maria (1472-1510), mariée à Maximilien, roi
   des Romains, puis empereur d'Allemagne.
4. Anna (1473-1497), mariée à Alfonso d'Este frère de
   Béatrice d'Este.

GIAN GALEAZZO (1469-1494), duc de Milan en 1476, marié
à Isabelle d'Aragon, a eu 3 enfants :
1. Francesco, abbé de Noirmoutiers (1490-1512), sans
   postérité.
2. Ippolita, morte en 1501.
3. Bona (1493-1557), mariée à Sigismond, roi de
   Pologne.

B. — *Branche cadette.*

LODOVICO MARIA, DIT LE MORE (1451-1508), duc de Bari,
puis duc de Milan en 1495, marié à Béatrice d'Este, a eu
6 enfants, dont 2 légitimes :

1. Ercole, plus tard Massimiliano (1493-1530), duc de Milan en 1512, sans postérité.
2. Francesco (1495-1535), duc de Milan en 1523, sans postérité.

Et 4 enfants naturels :

De Bernardina de Corradis :

1. Bianca (1482-1496), mariée à Galeazzo de San Severino.

De Cecilia Gallerani :

2. Cesare.
3. Leone, protonotaire.

De Lucrezia Crivelli :

4. Gian Paolo (1497-1535).

APPENDICE II

GÉNÉALOGIE SOMMAIRE DES ARAGON

FERRANTE I D'ARAGON (1424-1494), roi de Naples, marié
en premières noces avec Isabelle de Tarente, a eu d'elle
4 enfants :

> Béatrice, mariée à Mathias Corvin, roi de Hongrie.
>
> Alfonso (1446-1495), duc de Calabre, puis roi de Naples,
> qui suit.
>
> Federico, roi de Naples, mort en 1504.
>
> Leonora, mariée à Ercole d'Este, duc de Ferrare, laquelle
> suit.

DESCENDANCE DE FERRANTE Ier D'ARAGON, ROI DE NAPLES :

A. ALFONSO (1446–1495), duc de Calabre, puis roi de Naples,
marié à Ippolita Sforza, fille de Francesco Sforza, duc de
Milan, a eu 2 enfants :

> Ferrante II (1468-1496), roi de Naples, marié à Giovanna
> d'Aragon.
>
> Isabelle d'Aragon (1471-1524), mariée à Gian Galeazzo
> Sforza, duc de Milan (1469-1494), petit-fils de Fran-
> cesco Sforza, duc de Milan, laquelle suit :

B. LEONORA D'ARAGON, sœur d'Alfonso, duc de Calabre,
puis roi de Naples, mariée à Ercole d'Este, duc de Ferrare,
a eu 4 enfants :

Isabelle d'Este (1474-1539), mariée à Francesco Gonzague, marquis de Mantoue.
Béatrice d'Este (1475-1497), mariée à Ludovic le More,
   duc de Bari, puis duc de Milan.
Alfonso Ier d'Este, duc de Ferrare (1476-1534), marié
   avec Anna Sforza, puis avec Lucrèce Borgia.
Ippolito d'Este (1479-1520), cardinal.

DESCENDANCE D'ALFONSO D'ARAGON, ROI DE NAPLES :

Isabelle d'Aragon (1471-1524), sœur de Ferrante II, roi
   de Naples, mariée à son cousin germain Gian Galeazzo
   Sforza, duc de Milan, a eu 3 enfants :
Francesco (1490-1512), comte de Pavie, puis abbé de
   Noirmoutiers.
Bona (1493-1557), mariée à Sigismond, roi de Pologne,
Ippolita (1494-1501).

INDEX

DES NOMS CITÉS DANS CE VOLUME

PERSONNAGES HISTORIQUES, ARTISTES, AUTEURS, VILLES, MUSÉES,
ÉGLISES, PALAIS, ŒUVRES D'ART

TABLE DES PLANCHES

TABLE DES MATIÈRES

1907

IMPRIMERIE
CH. HÉRISSEY
A ÉVREUX.

IMPRIMERIE
CH. HÉRISSEY
A ÉVREUX.

IMPRIMERIE
CH. HÉRISSEY
A ÉVREUX.

BÉATRICE D'ESTE ET SA

COUR

PAR

ROBERT DE LA SIZERANNE

LIBRAIRIE HACHETTE